AF593032

RAPPORT
ET
PROJET DE DÉCRET

Sur l'organisation générale de l'instruction publique,

PRÉSENTÉS

A L'ASSEMBLÉE NATIONALE,

AU NOM DU COMITÉ D'INSTRUCTION PUBLIQUE;

PM. CONDORCET, *Député du Département de Paris* :

Les 20 & 21 Avril 1792 l'an 4e. de la liberté,

IMPRIMÉS PAR ORDRE DE L'ASSEMBLÉE NATIONALE.

A PARIS,
DE L'IMPRIMERIE NATIONALE.
1792.

Instruction publique. N°. 5.

Le comité d'instruction publique soumettra à l'Assemblée nationale, des projets de décret concernant les fêtes nationales, la partie gymnastique de l'éducation, & le complément de l'éducation des femmes. Ce projet de décret n'est relatif qu'à l'instruction offerte à tous les citoyens; & ne s'étend pas aux écoles d'artillerie, du génie, de la marine, des ponts & chaussées, des sourds & muets, des aveugles-nés.

RAPPORT
ET
PROJET DE DÉCRET

Sur l'organisation générale de l'Instruction publique ;

PRÉSENTÉS
A L'ASSEMBLÉE NATIONALE,
AU NOM DU COMITÉ
D'INSTRUCTION PUBLIQUE,

PAR M. CONDORCET, Député du Département de Paris :

Les 20 & 21 Avril 1792.

IMPRIMÉS PAR ORDRE DE L'ASSEMBLÉE NATIONALE.

MESSIEURS,

OFFRIR à tous les individus de l'espèce humaine les moyens de pourvoir à leurs besoins, d'assurer leur bien-être, de connoître & d'exercer leurs droits, d'entendre & de remplir leurs devoirs ;

Assurer, à chacun d'eux, la facilité de perfectionner son industrie, de se rendre capable des fonctions sociales, auxquelles il a droit d'être appelé, de développer toute l'étendue de talens qu'il a reçus de la nature ; & par-là établir, entre les citoyens, une égalité de fait, & rendre réelle l'égalité politique reconnue par la loi :

Tel doit être le premier but d'une instruction nationale ; &, sous ce point-de-vue, elle est, pour la puissance publique, un devoir de justice.

Diriger l'enseignement de manière que la perfection des arts augmente les jouissances de la généralité des citoyens, & l'aisance de ceux qui les cultivent ; qu'un plus grand nombre d'hommes devienne capable de bien remplir les fonctions nécessaires à la société ; & que les progrès, toujours croissans des lumières, ouvrent une source inépuisable de secours dans nos besoins, de remèdes dans nos maux, de moyens de bonheur individuel & de prospérité commune ;

Cultiver enfin, dans chaque génération, les facultés physiques, intellectuelles & morales, &, par-là, contribuer à ce perfectionnement général & graduel de l'espèce humaine, dernier but vers lequel toute institution sociale doit être dirigée :

Tel doit être encore l'objet de l'instruction ; & c'est, pour la puissance publique, un devoir imposé par l'intérêt commun de la société, par celui de l'humanité entière.

Mais, en considérant, sous ce double point-de-vue, la tâche immense qui nous a été imposée, nous avons senti, dès nos premiers pas, qu'il existoit une portion du système général de l'instruction qu'il étoit possible d'en détacher, sans nuire à l'ensemble, & qu'il étoit nécessaire d'en séparer, pour accélérer la réalisation du nouveau système : c'est la distribution & l'organisation générale des établissemens d'enseignement public.

En effet, quelles que soient les opinions sur l'étendue précise de chaque degré d'instruction ; sur la manière d'enseigner ; sur le plus ou moins d'autorité conservée aux parens, ou cédée aux maîtres ; sur la réunion des élèves dans des pensionnats établis par l'autorité publique ; sur les moyens d'unir à l'instruction, proprement dite, le développement des facultés physiques & morales ; l'organisation peut être la même ; & d'un autre côté, la nécessité de désigner les lieux d'établissement, de faire composer les livres élémentaires, long-temps avant que ces établissemens puissent être mis en activité, obligeoient à presser la décision de la loi sur cette portion du travail qui nous est confié.

Nous avons pensé que, dans ce plan d'organisation générale, notre premier soin devoit être de rendre, d'un côté, l'éducation aussi égale, aussi universelle ; de l'autre, aussi complète que les circonstances pouvoient le permettre ; qu'il falloit donner à tous également l'instruction qu'il est possible d'étendre sur tous ; mais ne refuser à aucune portion des citoyens l'instruction plus élevée qu'il est impossible de faire partager à la masse entière des individus ; établir l'une, parce qu'elle est utile à ceux qui la reçoivent ; & l'autre, parce qu'elle l'est à ceux mêmes qui ne la reçoivent pas.

La première condition de toute instruction étant de n'enseigner que des vérités, les établissemens que la puissance publique y consacre, doivent être aussi indépendans qu'il est possible de toute autorité politique ; & comme, néanmoins, cette indépendance ne peut être absolue, il résulte du même principe qu'il faut ne les rendre dépendans que de l'Aſſemblée des Repréſentans du Peuple, parce que de tous les pouvoirs, il eſt le moins corruptible, le plus éloigné d'être entraîné par des intérêts particuliers, le plus ſoumis à l'influence de l'opinion générale des hommes éclairés, & ſur-tout parce qu'étant celui de qui émanent eſſentiellement tous les changemens, il eſt dès-lors le moins ennemi du progrès des lumières, le moins oppoſé aux améliorations que ce progrès doit amener.

Nous avons obſervé, enfin, que l'inſtruction ne devoit pas abandonner les individus au moment où ils ſortent des écoles, qu'elle devoit embraſſer tous les âges, qu'il n'y en avoit aucun où il ne fût utile & poſſible d'apprendre, & que cette ſeconde inſtruction eſt d'autant plus néceſſaire, que celle de l'enfance a été reſſerrée dans des bornes plus étroites. C'eſt-là même une des cauſes principales de l'ignorance où les claſſes pauvres de la ſociété ſont aujourd'hui plongées; la poſſibilité de recevoir une première inſtruction, leur manquoit encore moins que celle d'en conſerver les avantages.

Nous n'avons pas voulu qu'un ſeul homme, dans l'empire, pût dire déſormais: la loi m'aſſuroit une entière égalité de droits, mais on me refuſe les moyens de les connoître. Je ne dois dépendre que de la loi, mais mon ignorance me rend dépendant de tout ce qui m'entoure. On m'a bien appris dans mon enfance que j'avois beſoin de ſavoir; mais forcé de travailler pour vivre, ces premières notions ſe ſont bientôt effacées, & il ne m'en reſte que la douleur de ſentir dans mon ignorance, non la volonté de la nature, mais l'injuſtice de la ſociété.

Nous avons cru que lapuiſſance publique devo i

dire aux citoyens pauvres : la fortune de vos parens n'a pu vous procurer que les connoissances les plus indispensables, mais on vous assure des moyens faciles de les conserver & de les étendre. Si la nature vous a donné des talens, vous pouvez les développer, & ils ne seront perdus ni pour vous ni pour la patrie.

Ainsi, l'instruction doit être universelle, c'est-à-dire, s'étendre à tous les citoyens. Elle doit être répartie avec toute l'égalité que permettent les limites nécessaires de la dépense, la distribution des hommes sur le territoire, & le temps plus ou moins long que les enfans peuvent y consacrer. Elle doit, dans ses divers degrés, embrasser le systême entier des connoissances humaines, & assurer aux hommes, dans tous les âges de la vie, la facilité de conserver leurs connoissances, ou d'en acquérir de nouvelles.

Enfin, aucun pouvoir public ne doit avoir ni l'autorité, ni même le crédit, d'empêcher le développement des vérités nouvelles, l'enseignement des théories contraires à sa politique particulière ou à ses intérêts momentanés.

Tels ont été les principes qui nous ont guidés dans notre travail.

Nous avons distingué cinq degrés d'instruction, sous le nom, 1°. d'écoles primaires ; 2°. d'écoles secondaires ; 3°. d'instituts ; 4°. de lycées ; 5°. de société nationale des sciences & des arts.

On enseigne, dans les écoles primaires, ce qui est nécessaire à chaque individu pour se conduire lui-même & jouir de la plénitude de ses droits. Cette instruction suffira même à ceux qui profiteront des leçons destinées aux hommes pour les rendre capables des fonctions publiques les plus simples, auxquelles il est bon que tout citoyen puisse être appelé, comme celles de juré, d'officier municipal.

Toute collection de maison renfermant quatre cents habitans, aura une école & un maître.

Comme il ne seroit pas juste que dans les départemens où les habitations sont dispersées ou réunies par groupes plus petits, le peuple n'obtînt pas des avantages égaux, on placera une école primaire dans tous les arrondissemens où se trouveront des villages éloignés de plus de mille toises, d'un endroit qui renferme quatre cents habitans. On enseignera, dans ces écoles, à lire, à écrire, ce qui suppose nécessairement quelques notions grammaticales; on y joindra les règles de l'arithmétique, des méthodes simples de mesurer exactement un terrein, de toiser un édifice; une description élémentaire des productions du pays, des procédés de l'agriculture, & des arts; le d velopement des premières idées morales, & des règles de conduite qui en dérivent; enfin, ceux des principes de l'ordre social qu'on peut mettre à la portée de l'enfance.

Ces diverses instructions seront distribuées en quatre cours, dont chacun doit occuper une année les enfans d'une capacité commune. Ce terme de quatre ans qui permet une division commode, pour une école où l'on ne peut placer qu'un seul maître, répond aussi assez exactement à l'espace de temps qui, pour les enfans des familles les plus pauvres, s'écoule entre l'époque où ils commencent à être capables d'apprendre, & celle où ils peuvent être employés à un travail utile, assujétis à un apprentissage régulier.

Chaque dimanche l'instituteur ouvrira une conférence publique à laquelle assisteront les citoyens de tous les âges : nous avons vu dans cette institution un moyen de donner aux jeunes gens celles des connoissances nécessaires qui n'ont pu cependant faire partie de leur première éducation. On y développera les principes & les règles de la morale avec plus d'étendue, ainsi que cette partie des loix nationales dont l'ignorance empêcheroit un citoyen de connoître ses droits & de les exercer.

Ainsi dans ces écoles les vérités premières de la science sociale précéderont leurs applications. Ni la constitution française, ni même la déclaration des droits ne seront présentées à aucune classe des citoyens, comme des tables descendues du ciel qu'il faut adorer & croire. Leur enthousiasme ne sera point fondé sur les préjugés, sur les habitudes de l'enfance; & on pourra leur dire : cette déclaration des droits qui vous apprend à-la-fois ce que vous devez à la société, & ce que vous êtes en droit d'exiger d'elle, cette constitution que vous devez maintenir aux dépens de votre vie, ne sont que le développement de ces principes simples, dictés par la nature & par la raison dont vous avez appris, dans vos premières années, à reconnoître l'éternelle vérité. Tant qu'il y aura des hommes qui n'obéiront pas à leur raison seule, qui recevront leurs opinions d'une opinion étrangère, en vain toutes les chaînes auroient été brisées, en vain ces opinions de commande seroient d'utiles vérités; le genre humain n'en resteroit pas moins partagé en deux classes, celle des hommes qui raisonnent & celle des hommes qui croient, celle des maîtres & celle des esclaves.

En continuant ainsi l'instruction pendant toute la durée de la vie, on empêchera les connoissances acquises dans les écoles de s'effacer trop promptement de la mémoire ; on entretiendra dans les esprits une activité utile ; on inſtruira le peuple des loix nouvelles, des obſervations d'agriculture, des méthodes économiques qu'il lui importe de ne pas ignorer. On pourra lui montrer enfin l'art de s'inſtruire par ſoi-même, comme à chercher des mots dans un dictionnaire, à ſe ſervir de la table d'un livre, à ſuivre ſur une carte, ſur un plan, ſur un deſſin des narrations ou des deſcriptions, des notes ou des extraits. Ces moyens d'apprendre que dans une éducation plus étendue on acquiert par la ſeule habitude, doivent être directement enſeignés dans une inſtruction bornée à un temps plus court, & à un petit nombre de leçons.

Nous n'avons ici parlé, ſoit pour les enfans ; ſoit pour les hommes, que de l'enſeignement direct, parce que c'eſt le ſeul dont il ſoit néceſſaire de connoître la marche, la diſtribution, l'étendue avant de déterminer l'organiſation des établiſſemens d'inſtruction publique. D'autres moyens ſeront l'objet d'une autre partie de notre travail.

Ainſi, par exemple, les fêtes nationales, en rappellant aux habitans des campagnes, aux citoyens des villes les époques glorieuſes de la liberté, en conſacrant la mémoire des hommes dont les vertus ont honoré leur ſéjour, en célébrant les actions de dévouement ou de courage dont il a été le théâtre, leur apprendront à chérir les devoirs qu'on leur aura fait connoître. D'un autre côté, dans la diſcipline intérieure des écoles, on prendra ſoin d'inſtruire les enfans à être bons & juſtes; on leur fera pratiquer, les uns à l'égard des autres, les principes qu'on leur aura enſeignés, & par là, en même temps qu'on leur fera prendre l'habitude d'y conformer leur conduite, ils apprendront à les mieux entendre, à en ſentir plus fortement l'utilité & la juſtice. On fera compoſer, ſoit pour les hommes, ſoit même pour les enfans, des livres faits pour eux qu'ils pourroient lire ſans fatigue, &·qu'un intérêt ſoit d'utilité prochaine, ſoit de plaiſir, les engageroit à ſe procurer. Placez à côté des hommes les plus ſimples une inſtruction agréable & facile, ſur-tout une inſtruction utile, & ils en profiteront. Ce ſont les difficultés rebutantes de la plupart des études, c'eſt la vanité de celles à qui le préjugé avoit fait donner la préférence, qui éloignoit les hommes de l'inſtruction.

La gymnaſtique ne ſera point oubliée, mais on aura ſoin d'en diriger les exercices de manière à développer toutes les forces avec égalité, à détruire les effets des habitudes forcées que donnent les diverſes eſpèces de travaux.

Si l'on reproche à ce plan de renfermer une inſtruction trop étendue, nous pourrons répondre qu'avec des livres élémentaires bien faits & deſtinés à être mis entre les mains des enfans, avec le ſoin de donner aux maîtres des ouvrages compoſés pour eux, où ils puiſſent s'inſtruire de la manière de développer les principes, de ſe proportionner à l'intelligence des élèves, de leur rendre le travail plus facile, on n'aura point à craindre que l'étendue de cet enſeignement excède les bornes de la capacité ordinaire des enfans. Il exiſte d'ailleurs des moyens de ſimplifier les méthodes, de mettre les vérités à la portée des eſprits les moins exercés; & c'eſt d'après la connoiſſance de ces moyens, d'après l'expérience, qu'a éte tracé le tableau des connoiſſances élémentaires qu'il étoit néceſſaire de préſenter à tous les hommes, qu'il leur étoit poſſible d'acquérir.

On pourroit auſſi nous reprocher d'avoir, au contraire, trop reſſerré les limites de l'inſtruction deſtinée à la généralité des citoyens; mais la néceſſité de ſe contenter d'un ſeul maître pour chaque établiſſement, celle de placer les écoles auprès des enfans, le petit nombre d'années que ceux des familles pauvres peuvent donner à l'étude, nous ont forcés de resserrer cette première instruction dans des bornes étroites; & il sera facile de les reculer lorsque l'amélioration de l'état du peuple, la distribution plus égale des fortunes, suite nécessaire des bonnes loix, les progrès des méthodes d'enseignement en auront amené le moment; lorsqu'enfin la diminution de la dette, & celle des dépenses superflues, permettra de consacrer à des emplois vraiment utiles une plus forte portion des revenus publics.

Les écoles secondaires sont destinées aux enfans dont les familles peuvent se passer plus long-temps de leur travail, & consacrer à leur éducation un plus grand nombre d'années ou même quelques avances.

Chaque district, & de plus, chaque ville de 4,000 habitans, aura une de ces écoles secondaires. Une combinaison, analogue à celle dont nous avons parlé pour les écoles primaires, assure qu'il n'y aura point d'inégalité dans la distribution de ces établissemens. L'enseignement sera le même dans tous; mais ils auront un, deux, trois instituteurs, suivant le nombre d'élèves qu'on peut supposer devoir s'y rendre.

Quelques notions de mathématiques, d'histoire naturelle & de chymie nécessaires aux arts; des développemens plus étendus des principes de la morale & de la science sociale; des leçons élémentaires de commerce y formeront le fonds de l'instruction.

Les instituteurs donneront des conférences hebdomadaires, ouvertes à tous les citoyens. Chaque école aura une petite bibliothèque, un petit cabinet où l'on placera quelques instrumens météorologiques, quelques modèles de machines ou de métiers, quelques objets d'histoire naturelle; & ce sera pour les hommes un nouveau moyen d'instruction. Sans doute, ces collections seront d'abord presque nulles; mais elles s'accroîtront avec le temps, s'augmenteront par des dons, se complèteront par des échanges; elles répandront le goût de l'observation & de l'étude, & ce goût contribuera bientôt à leur progrès.

Ce degré d'instruction peut encore à quelques égards être envisagé comme universel, ou plutôt comme nécessaire pour établir dans l'enseignement universel une égalité plus absolue. Les cultivateurs, à la vérité, en sont réellement exclus, lorsqu'ils ne se trouvent pas assez riches pour déplacer leurs enfans; mais ceux des campagnes, destinés à des métiers, doivent naturellement achever leur apprentissage dans les villes voisines, & y recevoir dans les écoles secondaires du moins la portion de connoissances qui leur seroit le plus nécessaire. D'un autre côté, les cultivateurs ont dans l'année des temps de repos, dont ils peuvent donner une partie à l'instruction, & les artisans sont privés de cette espèce de loisir. Ainsi l'avantage d'une étude, isolée & volontaire, balance pour les uns, celui qu'ont les autres, de recevoir des leçons plus étendues; & sous ce point-de-vue l'égalité est encore conservée, plutôt que détruite, par l'établissement des écoles secondaires.

Il y a plus; à mesure que les manufactures se perfectionnent, leurs opérations se divisent de plus en plus, ou tendent sans cesse à ne charger chaque individu que d'un travail purement mécanique & réduit à un petit nombre de mouvemens simples, travail qu'il exécute mieux & plus promptement, mais par l'effet de la seule habitude, & dans lequel son esprit cesse presque entièrement d'agir. Ainsi, le perfectionnement des arts deviendroit pour une partie de l'espèce humaine, une cause de stupidité; feroit naître dans chaque nation une claſſe d'hommes incapables de s'élever au-deſſus des plus groſſiers intérêts ; y introduiroit, & une inégalité humiliante & une ſemence de troubles dangereux, ſi une inſtruction plus étendue n'offroit aux individus de cette même claſſe une reſſource contre l'effet infaillible de la monotonie de leurs occupations journalières.

L'avantage que les écoles ſecondaires ſemblent donner aux villes, n'eſt donc encore qu'un moyen de plus de rendre l'égalité plus entière.

Les conférences hebdomadaires propoſées pour ces deux premiers degrés, ne doivent pas être regardées comme un foible moyen d'inſtruction. Quarante ou cinquante leçons par annnée peuvent renfermer une grande étendue de connoiſſances, dont les plus importantes répétées chaque année, d'autres tous les deux ans, finiront par être entièrement compriſes, retenues, par ne pouvoir plus être oubliées. En même temps une autre portion de cet enſeignement ſe renouvellera continuellement, parce qu'elle aura pour objet, ſoit des procédés nouveaux d'agriculture ou d'arts mécaniques, des obſervations, des remarques nouvelles, ſoit l'expoſition des loix générales à meſure qu'elles ſeront promulguées, le développement des opérations du gouvernement d'un intérêt univerſel. Elle ſoutiendra la curioſité, augmentera l'intérêt de ces leçons, entretiendra l'eſprit public & le goût de l'occupation.

Qu'on ne craigne pas que la gravité de ces inſtructions en écarte le peuple. Pour l'homme occupé de travaux corporels le repos ſeul eſt un plaiſir ; & une légère contention d'eſprit, un véritable délaſſement : c'eſt pour lui, ce qu'eſt le mouvement du corps pour le ſavant livré à des études ſédentaires, un moyen de ne pas laiſſer engourdir celles de ſes facultés que ses occupations habituelles n'exercent pas assez.

L'homme des campagnes, l'artisan des villes, ne dédaignera point des connoissances dont il aura une fois connu les avantages par son expérience ou celle de ses voisins. Si la seule curiosité l'attire d'abord, bientôt l'intérêt le retiendra. La frivolité, le degoût des choses sérieuses, le dédain pour ce qui n'est qu'utile ne sont pas les vices des hommes pauvres; & cette prétendue stupidité née de l'asservissement & de l'humiliation, disparoîtra bientôt lorsque des hommes libres trouveront auprès d'eux les moyens de briser la dernière & la plus honteuse de leurs chaînes.

Le troisième degré d'instruction embrasse les élémens de toutes les connoissances humaines. L'instruction considérée comme partie de l'éducation générale, y est absolument complète.

Elle renferme ce qui est nécessaire pour être en état de se préparer à remplir les fonctions publiques qui exigent le plus de lumières, ou de se livrer avec succès à des études plus approfondies, c'est là que se formeront les instituteurs des écoles secondaires, que se perfectionneront les maîtres des écoles primaires déjà formés dans celles du second degré.

Le nombre des instituts a été porté à cent quatorze, & il en sera établi dans chaque département.

On y enseignera non-seulement ce qu'il est utile de savoir comme homme, comme citoyen, à quelque profession qu'on se destine; mais aussi tout ce qui peut l'être pour chaque grande division de ces professions, comme l'agriculture, les arts mécaniques, l'art militaire; & même on y a joint les connoissances médicales nécessaires aux simples praticiens, aux sages femmes, aux artistes vétérinaires.

En jetant les yeux sur la liste des professeurs, on remarquera peut-être que les objets d'instruction n'y ſont pas diſtribués ſuivant une diviſion philoſophique, que les ſciences phyſiques & mathématiques y occupent une très-grande place, tandis que les connoiſſances qui dominoient dans l'ancien enſeignement y paroiſſent négligées.

Mais nous avons cru devoir diſtribuer les ſciences, d'après les méthodes qu'elles emploient; & par conſéquent, d'après la réunion de connoiſſances qui exiſte le plus ordinairement chez les hommes inſtruits, ou qu'il leur eſt plus facile de compléter.

Peut-être une claſſification philoſophique des ſciences n'eût été dans l'application qu'embarraſſante, & preſque impraticable. En effet, prendroit-on pour baſe les divers facultés de l'eſprit? mais l'étude de chaque ſcience les met toutes en activité, & contribue à les développer, à les perfectionner. Nous les exerçons même toutes à-la-fois, preſque dans chacune des opérations intellectuelles. Comment attribuerez-vous telle partie des connoiſſances humaines à la mémoire, à l'imagination, à la raiſon, ſi lorſque vous demandez par exemple à un enfant de démontrer ſur une planche une propoſition de géométrie, il ne peut y parvenir ſans employer à-la-fois ſa mémoire, ſon imagination & ſa raiſon? Vous mettrez ſans doute la connoiſſance des faits dans la claſſe que vous affectez à la mémoire; vous placerez donc l'hiſtoire naturelle à côté de celle des nations, l'étude des arts auprès de celle des langues; vous les ſéparerez de la chymie, de la politique, de la phyſique, de l'analyſe-méthaphyſique, ſciences auxquelles ces connoiſſances de faits ſont liées, & par la nature des choſes, & par la méthode même de les traiter. Prendra-t-on pour baſe la nature des objets? Mais le même objet, ſuivant la manière de l'enviſager, appartient à des ſciences abſolument différentes. Ces ſciences exigent des qualités d'eſprit qu'une même perſonne réunit rarement, & il auroit été très-difficile de trouver, & peut-être de former, des hommes en état de ſe plier à ces diviſions d'enſeignement. Ces mêmes ſciences ainſi diſtribuées ne ſe rapporteroient pas aux mêmes profeſſions, leurs parties n'inſpireroient pas un goût égal aux mêmes eſprits, & ces diviſions auroient fatigué les élèves comme les maîtres.

Quelque autre baſe philoſophique que l'on choiſiſſe, on ſe trouvera toujours arrêté par des obſtacles du même genre. D'ailleurs il falloit donner à chaque partie une certaine étendue, & maintenir entre elles une eſpèce d'équilibre; or, dans une diviſion philoſophique, on ne pouvoit pas y parvenir qu'en réuniſſant par l'enſeignement ce qu'on auroit ſéparé par la claſſification.

Nous avons donc imité dans nos diſtributions la marche que l'eſprit humain a ſuivie dans ſes recherches, ſans prétendre l'aſſujétir à en prendre une autre, d'après celles que nous donnerions à l'enſeignement. Le génie veut être libre, toute ſervitude le flétrit, & ſouvent on le voit porter encore, lorſqu'il eſt dans toute ſa force, l'empreinte des fers qu'on lui avoit donnés au moment où ſon premier germe ſe développoit dans les exercices de l'enfance. Ainſi, puiſqu'il faut néceſſairement une diſtribution d'études, nous avons dû préférer celle qui s'étoit d'elle-même librement établie, au milieu des progrès rapides que tous les genres de connoiſſances ont faits depuis un demi-ſiècle.

Pluſieurs motifs ont déterminé l'eſpèce de préférence accordée aux ſciences mathématiques & phyſiques. D'abord pour les hommes qui ne ſe dévouent point à de longues études, qui n'approfondiſſent aucun genre de connoiſſances, l'étude même & élémentaire de ces ſciences, eſt le moyen le plus sûr de développer leurs facultés intellectuelles, de leur apprendre à raisonner juste, à bien analyser leurs idées. On peut sans doute, en s'appliquant à la littérature, à la grammaire, à l'histoire, à la politique, à la philosophie en général, acquérir de la justesse, de la méthode, une logique saine & profonde, & cependant ignorer les sciences naturelles. De grands exemples l'ont prouvé; mais les connoissances élémentaires dans ces mêmes genres, n'ont pas cet avantage; elles emploient la raison, mais elle ne la formeroient pas. C'est que dans les sciences naturelles, les idées sont plus simples, plus rigoureusement circonscrites; c'est que la langue en est plus parfaite, que les mêmes mots y expriment plus exactement les mêmes idées. Les élémens y sont une véritable partie de la science, resserrée dans d'étroites limites, mais complète en elle-même. Elles offrent encore à la raison un moyen de s'exercer, à la portée d'un plus grand nombre d'esprits, sur tout dans la jeunesse. Il n'est pas d'enfant, s'il n'est absolument stupide, qui ne puisse acquérir quelque habitude d'application, par des leçons élémentaires d'histoire naturelle ou d'agriculture. Ces sciences sont contre les préjugés, contre la petitesse de l'esprit, un remède sinon plus sûr, du moins plus universel que la philosophie même. Elles sont utiles dans toutes les professions, & il est aisé de voir combien elles le seroient davantage, si elles étoient plus uniformément répandues. Ceux qui en suivent la marche, voient approcher l'époque où l'utilité pratique de leurs applications va prendre une étendue à laquelle on n'auroit osé porter ses espérances, où les progrès des sciences physiques doivent produire une heureuse révolution dans les arts; & le plus sûr moyen d'accélérer cette révolution, est de répandre ces connoissances dans toutes les classes de la société, de leur faciliter les moyens de les acquérir.

Enfin

Enfin nous avons cédé à l'impulsion générale des esprits, qui en Europe semblent se porter vers ces sciences avec une ardeur toujours croissante. Nous avons senti que, par une suite des progrès de l'espèce humaine, ces études qui offrent à son activité un aliment éternel, inépuisable, devenoient d'autant plus nécessaires, que le perfectionnement de l'ordre social doit offrir moins d'objets à l'ambition ou à l'avidité; que dans un pays où l'on vouloit unir enfin par des nœuds immortels la paix & la liberté, il falloit que l'on pût sans ennui, sans s'éteindre dans l'oisiveté, consentir à n'être qu'un homme & un citoyen; qu'il étoit important de tourner vers des objets utiles, ce besoin d'agir, cette soif de gloire, à laquelle l'état d'une société bien gouvernée n'offre pas un champ assez vaste, & de substituer ainsi l'ambition d'éclairer les hommes à celle de les dominer.

Dans la partie de l'ancien enseignement qui répond à ce troisième degré d'instruction, on se bornoit à un petit nombre d'objets: nous devons les embrasser tous. On sembloit n'avoir voulu faire que des théologiens ou des prédicateurs : nous aspirons à former des hommes éclairés.

L'ancien enseignement n'étoit pas moins vicieux par sa forme que par le choix & la distribution des objets.

Pendant six années, une étude progressive du latin faisoit le fonds de l'instruction; & c'étoit sur ce fonds qu'on répandoit les principes généraux de la grammaire, quelques connoissances de géographie & d'histoire, quelques notions de l'art de parler & d'écrire.

Quatre professeurs sont ici destinés à remplir les mêmes indications; mais les objets des études sont séparés, mais chaque maître enseigne une seule connoiſſance ; & cette diſpoſition, plus favorable aux progrès des élèves, ſera plus que compenſer la diminution du nombre des maîtres.

On pourra trouver encore la langue latine trop négligée.

Mais ſous quel point-de-vue une langue doit-elle être conſidérée dans une éducation générale ? Né ſuffit-il pas de mettre les élèves en état de lire les livres vraiment utiles écrits dans cette langue, & de pouvoir, ſans maîtres, faire de nouveaux progrès ? Peut-on regarder la connoiſſance approfondie d'un idiome étranger, celle des beautés de ſtyle qu'offrent les ouvrages des hommes de génie qui l'ont employé, comme une de ces connoiſſances générales que tout homme éclairé, tout citoyen qui ſe deſtine aux emplois de la ſociété, les plus importans, ne puiſſe ignorer ? Par quel privilége ſingulier, lorſque le temps deſtiné pour l'inſtruction, lorſque l'objet même de l'enſeignement force de ſe borner dans tous les genres à des connoiſſances élémentaires, & de laiſſer en ſuite le goût des jeunes-gens ſe porter librement vers celles qu'ils veulent cultiver, le latin ſeul ſeroit-il l'objet d'une inſtruction plus étendue ? Le conſidère-t-on comme la langue générale des ſavans, quoiqu'il perde tous les jours cet avantage ? Mais une connoiſſance élémentaire du latin ſuffit pour lire leurs livres, mais il ne ſe trouve aucun ouvrage de ſcience, de philoſophie, de politique vraiment important, qui n'ait été traduit ; mais toutes les vérités que renferment ces livres exiſtent, & mieux développées, & réunies à des vérités nouvelles, dans des livres écrits en langue vulgaire. La lecture des originaux n'eſt proprement utile qu'à ceux dont l'objet n'eſt pas l'étude de la ſcience même, mais celle de ſon hiſtoire.

Enfin, puiſqu'il faut tout dire, puiſque tous les

préjugés doivent aujourd'hui disparoître, l'étude longue, approfondie, des langues des anciens, étude qui nécessiteroit la lecture des livres qu'ils nous ont laissés, seroit peut-être plus nuisible qu'utile.

Nous cherchons dans l'éducation à faire connoître des vérités ; & ces livres sont remplis d'erreurs : nous cherchons à former la raison ; & ces livres peuvent l'égarer. Nous sommes si éloignés des anciens, nous les avons tellement devancés dans la route de la vérité, qu'il faut avoir sa raison déja toute armée, pour que ces précieuses dépouilles puissent l'enrichir sans la corrompre.

Comme modèles dans l'art d'écrire, dans l'éloquence, dans la poésie, les anciens ne peuvent même servir qu'aux esprits déja fortifiés par des études premières. Qu'est-ce, en effet, que des modèles qu'on ne peut imiter sans examiner sans cesse ce que la différence des mœurs, des langues, des religions, des idées oblige d'y changer? Je n'en citerai qu'un exemple. Démosthéne à la tribune, parloit aux Athéniens assemblés; le décret que son discours avoit obtenu, étoit rendu par la nation même; & les copies de l'ouvrage circuloient ensuite lentement parmi les orateurs ou leurs élèves. Ici nous prononçons un discours, non devant le peuple, mais devant ses représentans; & ce discours, répandu par l'impression, a bientôt autant de juges froids & sévères qu'il existe en France de citoyens occupés de la chose publique. Si une éloquence entraînante, passionnée, séductrice, peut égarer quelquefois les assemblées populaires, ceux qu'elle trompe n'ont à prononcer que sur leurs propres intérêts. Leurs fautes ne retombent que sur eux mêmes: mais des représentans du peuple, qui, séduits par un orateur, céderoient à une autre force qu'à celle de leur raison, prononçant sur les intérêts d'autrui, trahiroient leur devoir & perdroient bientôt la confiance publique, sur laquelle seule toute constitution représentative est appuyée. Ainsi cette même éloquence, nécessaire aux constitutions anciennes, seroit dans la nôtre le germe d'une corruption destructrice. Il étoit alors permis, utile peut-être, d'émouvoir le peuple : nous lui devons de ne chercher qu'à l'éclairer. Pesez toute l'influence que ce changement dans la forme des constitutions, toute celle que l'invention de l'imprimerie peuvent avoir sur les règles de l'art de parler, & prononcez ensuite si c'est aux premières années de la jeunesse que les orateurs anciens doivent être donnés pour modèles.

Vous devez à la nation française une instruction au niveau de l'esprit du dix-huitième siècle, de cette philosophie qui, en éclairant la génération contemporaine, présage, prépare & devance déja la raison supérieure à laquelle les progrès nécessaires du genre-humain appellent les générations futures.

Tels ont été nos principes ; & c'est d'après cette philosophie, libre de toutes les chaînes, affranchie de toute autorité, de toute habitude ancienne, que nous avons choisi & classé les objets de l'instruction publique. C'est d'après cette même philosophie que nous avons regardé les sciences morales & politiques comme une partie essentielle de l'instruction commune.

Comment espérer, en effet, d'élever jamais la morale du peuple, si l'on ne donne pour base, à celle des hommes qui peuvent l'éclairer, qui sont destinés à le diriger, une analyse exacte, rigoureuse des sentimens moraux, des idées qui en résultent, des principes de justice qui en sont la conséquence ?

Les bonnes lois, disoit Platon, sont celles que les citoyens aiment plus que la vie. En effet, comment les lois feroit-elles bonnes, si pour les faire exécuter il falloit employer une force étrangère à celle de la volonté du peuple, & prêter à la justice l'appui de la tyrannie? Mais pour que les citoyens aiment les lois sans cesser d'être vraiment libres, pour qu'ils conservent cette indépendance de la raison, sans laquelle l'ardeur pour la liberté n'est qu'une passion & non une vertu, il faut qu'ils connoissent ces principes de la justice naturelle, ces droits essentiels de l'homme, dont les lois ne sont que le développement ou les applications. Il faut savoir distinguer dans les lois les conséquences de ces droits & les moyens plus ou moins heureusement combinés pour en assurer la garantie; aimer les unes parce que la justice les a dictées, les autres parce qu'elles ont été inspirées par la sagesse. Il faut savoir distinguer ce dévouement de la raison qu'on doit aux lois qu'elle approuve, de cette soumission, de cet appui extérieur que le citoyen leur doit encore, lors même que ses lumières lui en montrent le danger ou l'imperfection. Il faut qu'en aimant les lois, on sache les juger.

Jamais un peuple ne jouira d'une liberté constante, assurée, si l'instruction dans les sciences politiques n'est pas générale, si elle n'y est pas indépendante de toutes les institutions sociales, si l'enthousiasme que vous excitez dans l'ame des citoyens n'est pas dirigé par la raison, s'il peut s'allumer pour ce qui ne feroit pas la vérité, si en attachant l'homme par l'habitude, par l'imagination, par le sentiment à sa constitution, à ses lois, à sa liberté, vous ne lui préparez, par une instruction générale, les moyens de parvenir à une constitution plus parfaite, de se donner de meilleures lois, & d'atteindre à une liberté plus entière. Car il en est de la liberté, de l'égalité, de ces grands objets des méditations politiques, comme de ceux des autres sciences ; il existe dans l'ordre des choses possibles un dernier terme dont la nature a voulu que nous puissions approcher sans cesse, mais auquel il nous est refusé de pouvoir atteindre jamais.

Ce troisième degré d'instruction donne à ceux qui en profiteront, une supériorité réelle que la distribution des fonctions de la société rend inévitable ; mais c'est un motif de plus pour vouloir que cette supériorité soit celle de la raison, & des véritables lumières : pour chercher à former des hommes instruits, & non des hommes habiles ; pour ne pas oublier enfin que les inconvéniens de cette supériorité deviennent moindres à mesure qu'elle se partage entre un plus grand nombre d'individus, que plus ceux qui en jouissent sont éclairés, moins elle est dangereuse, & qu'alors elle est le véritable, l'unique remède contre cette supériorité d'adresse qui, au lieu de donner à l'ignorance des appuis & des guides, n'est féconde qu'en moyens de la séduire.

L'enseignement sera partagé par cours, les uns liés entre eux, les autres séparés, quoique faits par le même professeur. La distribution en sera telle, qu'un élève pourra suivre, à la fois, quatre cours, ou n'en suivre qu'un seul ; embrasser, dans l'espace de cinq ans environ, la totalité de l'instruction, s'il a une grande facilité ; se borner à n'en suivre qu'une partie dans le même espace de temps, s'il a des dispositions moins heureuses. On pourra même, pour chaque partie, s'arrêter à tel ou tel terme, y consacrer plus ou moins de temps ; ensorte que ces diverses combinaisons se prêtent à toutes les variations de talens, à toutes les positions personnelles.

Les professeurs tiendront une fois par mois des conférences publiques.

Comme elles sont destinées à des hommes déja

plus instruits, plus en état d'acquérir des lumières par eux-mêmes, il est moins nécessaire de les multiplier. Elles auront pour objet principal, les découvertes dans les sciences, les expériences, les observations nouvelles, les procédés utiles aux arts; &, par *nouveau*, l'on entend ici ce qui, sans sortir des limites d'une instruction élémentaire, n'est pas encore placé aux rang des connoissances communes, des procédés généralement adoptés. Auprès de chaque collége, on trouvera une bibliothèque, un cabinet, un jardin de botanique, un jardin d'agriculture. Ces établissemens seront confiés à un conservateur; & l'on sent que des hommes qui ne sont pas sans quelques lumières, peuvent apprendre beaucoup, en profitant de ces collections & des éclaircissemens que le conservateur, que les professeurs ne leur refuseront pas.

Enfin, comme dans ce degré d'instruction, il ne faut pas se borner à de simples explications, qu'il faut encore exercer les élèves, soit à des démonstrations, à des discussions, soit même à quelques compositions; qu'il est nécessaire de s'assurer s'ils entendent, s'ils retiennent, si leurs facultés intellectuelles acquièrent de l'activité & de la force; on pourra réserver dans chaque salle une place destinée à ceux qui, sans être élèves, sans être par conséquent assujétis aux questions qu'on leur fait, aux travaux qu'on leur impose, voudroient suivre un cours d'instruction, ou assister à quelques leçons.

Cette espèce de publicité, réglée de manière qu'elle ne puisse troubler l'ordre de l'enseignement, auroit trois avantages: le premier, de procurer des moyens de s'éclairer, à ceux des citoyens qui n'ont pu recevoir une instruction complète, ou qui n'en ont pas assez profité, de leur offrir la faculté d'acquérir à tous les âges les connoissances qui peuvent leur devenir utiles, de faire enſorte que le bien immédiat qui peut réſulter du progrès des ſciences, ne ſoit pas excluſivement réſervé aux ſavans & à la jeuneſſe; le ſecond, que les parens pourront être témoins des leçons données à leurs enfans; le troiſième, enfin, que les jeunes gens, mis en quelque ſorte ſous les yeux du Public, en auront plus d'émulation, & prendront de bonne heure l'habitude de parler avec aſſurance, avec facilité, avec décence; habitude qu'un petit nombre d'exercices ſolemnels ne pourroit leur faire contracter.

Dans les villes de garniſon, on pourra charger le profeſſeur d'art militaire d'ouvrir pour les ſoldats une conférence hebdomadaire, dont le principal objet ſera l'explication des lois & des règlemens militaires, le ſoin de leur en développer l'eſprit & les motifs : car l'obéiſſance du ſoldat à la diſcipline ne doit plus ſe diſtinguer de la ſoumiſſion du citoyen à la loi; elle doit être également éclairée, & commandée par la raiſon & par l'amour de la patrie, avant de l'être par la force ou la crainte de la peine.

Tandis qu'on enſeignera, dans les inſtituts, la théorie élémentaire des ſciences médicales, théorie ſuffiſante pour éclairer la pratique de l'art, les médecins des hôpitaux pourront enſeigner cette pratique & donner des leçons de chirurgie; de manière qu'en multipliant les écoles où l'on recevra ces connoiſſances élémentaires mais juſtes, on puiſſe aſſurer à la partie la plus pauvre des citoyens, les ſecours d'hommes éclairés, formés par une bonne méthode, inſtruits dans l'art d'obſerver & libres des préjugés de l'ignorance comme de ceux des doctrines ſyſtématiques.

Dans les ports de mer, des profeſſeurs particuliers d'hydrographie, de pilotage, pourront enſeigner l'art nautique à des élèves que les leçons de mathématiques, d'astronomie, de physique, qui sont partie de l'enseignement général, auront déja préparés. Ailleurs, à l'aide de ces mêmes leçons, un petit nombre de maîtres suffira pour former d'autres élèves à la pratique de l'art des constructions; & dans tous les genres, cette distribution de l'instruction commune rendra plus simple & moins dispendieuse toute espèce d'instruction particulière dont l'utilité publique exigeroit l'établissement.

Les principes de la morale enseignés dans les écoles & dans les instituts, seront ceux qui, fondés sur nos sentimens naturels & sur la raison, appartiennent également à tous les hommes. La constitution, en reconnoissant le droit qu'a chaque individu de choisir son culte, en établissant une entière égalité entre tous les habitans de la France, ne permet point d'admettre, dans l'instruction publique, un enseignement qui, en repoussant les enfans d'une partie des citoyens, détruiroit l'égalité des avantages sociaux, et donneroit à des dogmes particuliers un avantage contraire à la liberté des opinions. Il étoit donc rigoureusement nécessaire de séparer de la morale les principes de toute religion particulière, & de n'admettre dans l'instruction publique l'enseignement d'aucun culte religieux.

Chacun d'eux doit être enseigné dans les temples par ses propres ministres. Les parens, quelle que soit leur croyance, quelle que soit leur opinion sur la nécessité de telle ou telle religion, pourront alors sans répugnance envoyer leurs enfans dans les établissemens nationaux; & la puissance publique n'aura point usurpé sur les droits de la conscience, sous prétexte de l'éclairer & de la conduire.

D'ailleurs, combien n'est-il pas important de fonder la morale sur les seuls principes de la raison!

Quelque changement que subissent les opinions d'un homme dans le cours de sa vie, ces principes établis sur cette base resteront toujours également vrais, ils seront toujours invariables comme elle; il les opposera aux tentatives que l'on pourroit faire pour égarer sa conscience; elle conservera son indépendance & sa rectitude, & on ne verra plus ce spectacle si affligeant d'hommes qui s'imaginent remplir leurs devoirs en violant les droits les plus sacrés, & obéir à Dieu en trahissant leur patrie.

Ceux qui croient encore à la nécessité d'appuyer la morale sur une religion particulière, doivent eux-mêmes approuver cette séparation : car sans doute ce n'est pas la vérité des principes de la morale qu'ils font dépendre de leurs dogmes; ils pensent seulement que les hommes y trouvent des motifs plus puissans d'être justes; & ces motifs n'acquerront-ils pas une force plus grande sur tout esprit capable de réfléchir, s'ils ne sont employés qu'à fortifier ce que la raison & le sentiment intérieur ont déjà commandé?

Dira-t-on que l'idée de cette séparation s'élève trop au-dessus des lumières actuelles du peuple? Non, sans doute; car, puisqu'il s'agit ici d'instruction publique, tolérer une erreur, ce seroit s'en rendre complice; ne pas consacrer hautement la vérité, ce seroit la trahir. Et quand bien même il seroit vrai que des ménagemens politiques dussent encore pendant quelque temps souiller les lois d'une nation libre; quand cette doctrine insidieuse ou faible trouveroit une excuse dans cette stupidité qu'on se plaît à supposer dans le peuple, pour avoir un prétexte de le tromper ou de l'opprimer; du moins l'instruction qui doit amener le temps où ces ménagemens seront inutiles, ne peut appartenir qu'à la vérité seule, & doit lui appartenir toute entière.

Nous avons donné le nom de lycée au quatrième degré d'inſtruction ; toutes les ſciences y ſont enſeignées dans toute leur étendue. C'eſt là que ſe forment les ſavans, ceux qui font de la culture de leur eſprit, du perfectionnement de leurs propres facultés, une des occupations de leur vie, ceux qui ſe deſtinent à des profeſſions où l'on ne peut obtenir de grands ſuccès que par une étude approfondie d'une ou pluſieurs ſciences. C'eſt là auſſi que doivent ſe former les profeſſeurs. C'eſt au moyen de ces établiſſement que chaque génération peut tranſmettre à la génération ſuivante ce qu'elle a reçu de celle qui l'a précédée, & ce qu'elle a pu y ajouter.

Nous propoſons d'établir en France neuf lycées. Les lumières, en partant de pluſieurs foyers à-la-fois, ſeront répandues avec plus d'égalité & ſe diſtribueront dans une plus grande maſſe de citoyens. On ſera sûr de conſerver, dans les départemens, un plus grand nombre d'hommes éclairés qui, forcés d'aller achever leur inſtruction à Paris, auroient été tentés de s'y établir ; & d'après la forme de la conſtitution, cette conſidération eſt très-importante.

En effet, la loi oblige à choiſir les députés à la légiſlature, parmi les citoyens de chaque département : & quand elle n'y obligeroit pas, l'utilité commune l'exigeroit encore, du moins pour une très-grande partie. Les adminiſtrateurs, les juges ſont pris également dans le ſein du département où ils exercent leurs fonctions. Comment pourroit-on prétendre qu'on n'a rien négligé pour préparer à la nation des hommes capables des fonctions les plus importantes, ſi une ſeule ville leur préſentoit les moyens de s'inſtruire ? Comment pourroit-on dire que l'on a offert à tous les talens les moyens de ſe développer, qu'on n'en a laiſſé échapper aucun, ſi, dans un empire auſſi étendu que la France, ils ne trouvoient que dans un seul point la possibilité de se former ?

D'ailleurs, il n'auroit pas été sans inconvénient pour le succès, & sur-tout pour l'égalité de l'instruction commune, de n'ouvrir aux professeurs des instituts qu'une seule école, & de l'ouvrir à Paris. On a fixé le nombre des lycées à neuf, parce qu'en comparant ce nombre à celui des grandes universités d'Angleterre, d'Italie, d'Allemagne, il a paru répondre à ce qu'exigeoit la population de la France. En effet, sans que le nombre des élèves puisse nuire à l'enseignement, un homme, sur seize cents, pourra suivre un cours d'études dans les lycées; & cette proportion est suffisante pour une instruction nécessaire seulement à un petit nombre de professions, & où l'on n'enseigne que la partie des sciences qui s'élève au-dessus des élémens.

L'enseignement que nous proposons d'établir est plus complet, la distribution en est plus au niveau de l'état actuel des sciences en Europe, que dans aucun des établissemens de ce genre qui existe dans les pays étrangers : nous avons cru qu'aucune espèce d'infériorité ne pouvoit convenir à la nation française; & puisque chaque année est marquée dans les sciences pour des progrès nouveaux, ne pas surpasser ce qu'on trouve établi, ce seroit rester au-dessous.

Quelques-uns de ces lycées seront placés de manière à y attirer les jeunes étrangers. L'avantage commercial, qui en résulte, est peu important pour une grande nation : mais celui de répandre sur un plus grand espace les principes de l'égalité & de la liberté, mais cette réputation que donne à un peuple l'affluence des étrangers qui viennent y chercher des lumières, mais les amis que ce peuple s'assure parmi ces jeunes gens élevés dans son sein, mais l'avantage immense de rendre sa langue plus universelle, mais la fraternité qui peut en résulter entre les nations, toutes ces vues d'une utilité plus noble ne doivent pas être négligées.

Quelques lycées doivent donc être placés à portée des frontières : dans leur distribution générale sur la surface de l'empire, on doit éviter toute disproportion trop grande entre leurs distances respectives. Les villes qui renferment déja de grands établissemens consacrés, soit à l'instruction, soit au progrès des sciences, ont droit à une préférence fondée sur des vues d'économie, & sur l'intérêt même de l'enseignement.

Enfin, nous avons pensé que des villes moins considérables, où l'attention générale des citoyens pourroit se porter sur ces établissemens, où l'esprit des sciences ne seroit pas étouffé par de grands intérêts, où l'opinion publique n'auroit pas assez de force pour exercer sur l'enseignement une influence dangereuse, & l'asservir à des vues locales, présentoient plus d'avantages que les grandes villes de commerce, d'où une plus grande cherté des choses nécessaires à la vie, éloigneroit les enfans des familles pauvres, tandis que les parens pourroient encore y craindre des séductions plus puissantes, des occasions plus multipliées de dissipation & dépense. Nous n'avons pas étendu cette dernière considération jusque sur Paris. La voix unanime de l'Europe, qui depuis un siècle regarde cette ville comme une des capitales du monde savant, ne le permetroit pas. C'est en combinant entre eux ces divers principes, en accordant plus ou moins à chacun d'eux, que nous avons déterminé l'emplacement des lycées.

Le lycée de Paris ne différera des autres que par un enseignement plus complet des langues anciennes

& modernes, & peut être par quelques institutions consacrées aux arts agréables ; objets qui, par leur nature, n'exigeoient qu'un seul établissement pour la France. Nous avons cru qu'une institution où toutes les langues connues seroient enseignées, où les hommes de tous les pays trouveroient un interprète, où l'on pourroit analyser, comparer toutes les manières suivant lesquelles les hommes ont formé & classé leurs idées, devoit conduire à des découvertes importantes & faciliter les moyens d'un rapprochement entre les peuples, qu'il n'est plus temps de reléguer parmi les chimères philosophiques.

C'est dans les lycées que de jeunes gens dont la raison est déja formée, s'instruiront par l'étude de l'antiquité, & s'instruiront sans danger, parce que déja capables de calculer les effets de la différence des moeurs, des gouvernemens, des langages, du progrès des opinions ou des idées, ils pourront à-la-fois sentir & juger les beautés de leurs modèles.

L'instruction dans les lycées sera commune aux jeunes gens qui complètent leur éducation, & aux hommes. On a vu plus d'une fois à Paris, des membres des académies suivre exactement les leçons du collége royal, & plus souvent assister a quelques-unes dont l'objet leur offroit un intérêt plus vif. Dailleurs, des bibliothèques plus complètes, des cabinets plus étendus, de plus grands jardins de botanique & d'agriculture, sont encore un moyen d'instruction; & on y joint celui de conférences publiques entre les professeurs, parce qu'on y peut traiter des questions vers lesquelles les circonstances appellent la curiosité, & qui ne peuvent entrer dans des leçons nécessairement assujéties à un ordre régulier.

Dans ces quatre degrés d'instruction, l'enseignement sera totalement gratuit.

L'Acte constitutionnel le prononce pour le premier degré ; & le second, qui peut aussi être regardé comme général, ne pourroit cesser d'être gratuit sans établir une inégalité favorable à la classe la plus riche, qui paye les contributions à proportion de ses facultés, & ne paieroit l'enseignement qu'à raison du nombre d'enfans qu'elle fourniroit aux écoles secondaires.

Quant aux autres degrés, il importe à la prospérité publique de donner aux enfans des classes pauvres, qui sont les plus nombreuses, la possibilité de développer leurs talens : c'est un moyen non-seulement d'assurer à la patrie plus de citoyens en état de la servir, aux sciences plus d'hommes capables de contribuer à leurs progrès, mais encore de diminuer cette inégalité qui naît de la différence des fortunes, de mêler entre elles les classes que cette différence tend à séparer. L'ordre de la nature n'établit dans la société d'autre inégalité que celle de l'instruction & de la richesse, & en étendant l'instruction, vous affoiblirez à la fois les effets de ces deux causes de distinction. L'avantage de l'instruction moins exclusivement réuni à celui de l'opulence, deviendra moins sensible, & ne pourra plus être dangereux ; celui de naître riche sera balancé par l'égalité, par la supériorité même des lumières que doivent naturellement obtenir ceux qui ont un motif de plus d'en acquérir.

D'ailleurs, ni les lycées ni les instituts n'attirant un nombre égal d'élèves, il résulteroit de la non-gratuité une différence trop grande dans l'état des professeurs. Les villes opulentes, les pays fertiles auroient tous les instituteurs habiles, & ajouteroient encore cet avantage à tous les autres. Comme il existe des parties de sciences, & ce ne sont pas toujours les moins utiles, qui appelleront un plus faible concours, il faudroit, ou établir des différences dans la manière de payer les professeurs, ou laisser entre eux une excessive inégalité qui nuiroit à cette espèce d'équilibre entre les diverses branches des connoissances humaines, si nécessaire à leurs progrès réels.

Observons encore que l'élève d'un institut ou d'un lycée dans lequel l'instruction est gratuite, peut suivre à la fois un grand nombre de cours, sans augmenter la dépense de ses parens; qu'il est alors le maître de varier ses études, d'essayer son goût & ses forces; au lieu que si chaque nouveau cours nécessite une dépense nouvelle, il est forcé de renfermer son activité dans des limites plus étroites, de sacrifier souvent à l'économie une partie importante de son instruction; & cet inconvénient n'existe encore que pour les familles peu riches.

D'ailleurs, puisqu'il faut donner des appointemens fixes aux professeurs, puisque la contribution qu'on exigeroit des écoliers devroit être nécessairement très-faible, l'économie le seroit aussi; & la dépense volontaire qui en résulteroit, tomberoit moins sur les familles opulentes que sur celles qui s'imposent des sacrifices pour procurer à des enfans dont les premières années ont annoncé des talens, les moyens de les cultiver & de les employer pour leur fortune.

Enfin l'émulation que feroit naître, entre les professeurs, le desir de multiplier des élèves dont le nombre augmenteroit leur revenu, ne tient pas à des sentimens assez élevés pour que l'on puisse se permettre de la regretter. Ne seroit il pas à craindre qu'il ne résultât plutôt de cette émulation des rivalités entre les établissemens d'instruction; que les maîtres ne cherchassent à briller plutôt qu'à instruire; que leurs méthodes, leurs opinions même ne fussent calculées d'après le desir d'attirer à eux un plus grand nombre d'élèves;

lèves; qu'ils ne cédassent à la crainte de les éloigner, en combattant certains préjugés, en s'élevant contre certains intérêts?

Après avoir affranchi l'instruction de toute espèce d'autorité, gardons-nous de l'assujétir à l'opinion commune : elle doit la devancer, la corriger, la former, & non la suivre & lui obéir.

Au-delà des écoles primaires, l'instruction cesse d'être rigoureusement universelle. Mais nous avons cru que nous remplirions le double objet, & d'assurer à la patrie tous les talens qui peuvent la servir, & de ne priver aucun individu de l'avantage de développer ceux qu'il a reçus, si les enfans qui en avoient annoncé le plus dans un degré d'instruction, étoient appelés à en parcourir le degré supérieur, & entretenus aux dépens du trésor national, sous le nom d'élèves de la patrie. D'après le plan du comité, trois mille huit cent cinquante enfans ou environ, recevroient une somme suffisante pour leur entretien; mille suivroient l'instruction des instituts, six cents celle des lycées; environ quatre cents en sortiroient chaque année, pour remplir, dans la société, des emplois utiles, ou pour se livrer aux sciences; & jamais dans aucun pays la puissance publique n'auroit ouvert à la partie pauvre du peuple, une source si abondante de prospérité & d'instruction; jamais elle n'auroit employé de plus puissans moyens de maintenir les droits de l'égalité naturelle. On ne s'est pas même borné à encourager l'étude des sciences; on n'a pas négligé la modeste industrie qui ne prétendroit qu'à s'ouvrir une entrée plus facile dans une profession laborieuse; on a voulu qu'il y eût aussi des récompenses pour l'assiduité, pour l'amour du travail, pour la bonté, lors même qu'aucune qualité brillante n'en releveroit l'éclat; & d'autres élèves de la patrie recevront d'elle leur apprentiſſage dans les arts d'une utilité générale.

Dans les écoles primaires & ſecondaires, les livres élémentaires ſeront le réſultat d'un concours ouvert à tous les citoyens, à tous les hommes qui ſeront jaloux de contribuer à l'inſtruction publique; mais on déſignera les auteurs des livres élémentaires pour les inſtituts. On ne preſcrira rien aux profeſſeurs du lycée, ſinon d'enſeigner la ſcience dont les cours qu'ils ſeront chargés de donner porteront le nom. L'étendue des livres élémentaires deſtinés aux inſtituts, le deſir de voir des hommes célèbres conſentir à s'en charger, le peu d'eſpérance qu'ils le vouluſſent s'ils n'étoient pas sûrs que leur travail fût adopté, la difficulté de juger, tous ces motifs nous ont déterminés à ne pas étendre à ces élémens la méthode d'un concours. Nous nous ſommes dit : toutes les fois qu'un homme juſtement célèbre dans un genre de ſcience quelconque, voudra faire pour cette ſcience un livre élémentaire, qu'il regardera ce travail comme une marque de ſon zèle pour l'inſtruction publique, pour le progrès des lumières, cet ouvrage ſera bon. C'eſt un homme célèbre en Europe, qu'il faut entendre ici; & dès-lors, on n'a pas à craindre de ſe tromper ſur le choix. Si au contraire on propoſe un concours, qui répondra d'obtenir un bon livre élémentaire? Comment prononcer entre dix ouvrages, par exemple, dont chacun feroit un cours élémentaire de mathématiques ou de phyſique, en deux volumes? Eſt-on bien sûr que les juges ſe dévoueront à l'ennui de cet examen? eſt-on bien sûr qu'il leur ſoit même poſſible de bien juger? quelques vues philoſophiques, quelques idées fines, ingénieuſes, qu'ils remarqueront dans un ouvrage, ne feront-elles point pencher la balance en ſa faveur, avec dépens de la méthode ou de la clarté?

Dans les trois premiers degrés d'instruction, on n'enseigne que des élémens plus ou moins étendus : il est pour chaque science, pour chacune de ses divisions, une limite qu'il ne faut point passer. Il faut donc que la puissance publique indique les livres qu'il convient d'enseigner ; mais dans les lycées où la science doit s'enseigner toute entière, alors c'est au professeur à choisir les méthodes. Il en résulte un avantage inappréciable : c'est d'empêcher l'instruction de jamais se corrompre ; c'est d'être sûr que si, par une combinaison de circonstances politiques, les livres élémentaires ont été infectés de doctrines dangereuses, l'enseignement libre des lycées empêchera les effets de cette corruption ; c'est de n'avoir pas à craindre que jamais le langage de la vérité puisse être étouffé.

Enfin, le dernier degré d'instruction est une société nationale des sciences & des arts, instituée pour surveiller & diriger les établissemens d'instruction, pour s'occuper du perfectionnement des sciences & des arts, pour recueillir, encourager, appliquer & répandre les découvertes utiles.

Ce n'est plus de l'instruction particulière des enfans ou même des hommes, qu'il s'agit, mais de l'instruction de la génération entière, du perfectionnement général de la raison humaine ; ce n'est pas aux lumières de tel individu en particulier, qu'il s'agit d'ajouter des lumières plus étendues ; c'est la masse entière des connoissances qu'il faut enrichir par des vérités nouvelles ; c'est à l'esprit humain qu'il faut préparer de nouveaux moyens d'accélérer les progrès, de multiplier ses découvertes.

Nous proposons de diviser cette société en quatre classes qui tiendront séparément leurs séances.

Une société unique trop nombreuse eût été sans

activité, ou bien réduite à un trop petit nombre de membres pour chaque science; elle n'eût plus excité d'émulation: & les mauvais choix qu'il est impossible d'éviter toujours, y auroient été trop dangereux.

D'ailleurs, elle auroit été formée de trop de parties hétérogènes: les savans qui l'auroient composée y auroient parlé trop de diverses langues, & la plupart des lectures, ou des discussions, y auroient été indifférentes à un trop grand nombre des auditeurs.

D'un autre côté, nous avons voulu éviter la multiplicité des divisions: une société occupée d'une seule science est trop facilement entraînée à contracter un esprit particulier, à devenir une espèce de corporation.

Enfin, il importe au progrès des sciences de rapprocher, & non de diviser celles qui se tiennent par quelques points. Tandis que chacune fait des progrès, s'enrichit de découvertes qui lui sont propres, ces points de contact se multiplient, ces applications d'une science à une autre offrent une moisson féconde en découvertes utiles; & tel doit être l'effet de l'accroissement des lumières, que bientôt aucune science ne sera plus isolée, qu'aucune ne sera totalement étrangère à aucune autre.

C'est d'après ces vues que nous avons formé les divisions de la société nationale. La première classe comprend toutes les sciences mathématiques.

Depuis un siècle aucune société savante n'a imaginé de les séparer. Passant, par d'insensibles degrés, de celles qui n'emploient que le calcul, à celles qui ne se fondent que sur l'observation, presque toutes, aujourd'hui, peuvent employer ces deux moyens de reculer les bornes des connoissances humaines; & il est utile que ceux qui savent le mieux employer l'un ou l'autre de ces instrumens de découvertes, s'entre-aident, s'éclairent mutuellement ; que le chimiste, que le physicien empêchent le botaniste de se borner à la simple nomenclature des noms, à la description trop nue des objets, ou rappellent à des travaux plus utiles le géomètre qui emploieroit ses forces à des questions sur les nombres, à des subtilités métaphysiques.

La seconde classe renferme les sciences morales & politiques : il est surperflu sans doute de prouver qu'elles ne doivent pas être séparées, & qu'on n'a pas dû les confondre avec d'autres.

La troisième comprend l'application des sciences mathématiques & physiques aux arts.

Ici nous nous sommes écartés davantage des idées communes. Cette classe embrasse la médecine & les arts mécaniques, l'agriculture & la navigation.

Mais d'abord nous avons cru devoir faire pour les applications usuelles des sciences, ce que nous avons fait pour les sciences elles-mêmes.

Nous avons trouvé que même les distances étoient moins grandes & les communications plus multipliées ; qu'un médecin, par exemple, qui s'occuperoit des hôpitaux, de la manière de placer ou de remuer les malades dans certaines maladies, pour de grandes opérations, pour des pansemens difficiles, trouveroit de l'avantage dans sa réunion avec des mécaniciens & des constructeurs; qu'aucune distinction aussi marquée que celle des mathématiques pures, & de certaines parties des sciences physiques, ne pouvoit être appliquée à ces arts ; qu'il ne falloit pas séparer la médecine de l'art vétérinaire, par exemple, ni l'art vétérinaire de l'agriculture, ni l'agriculture de l'art des constructions, de celui de la conduite des eaux ; & qu'on ne pouvoit rompre cette chaîne sans briser une liaison utile.

Il restoit donc à voir si une de ces parties pouvoit exiger pour elle seule la création d'une société isolée. La médecine, l'agriculture, la navigation étoient celles qui pouvoient le plus y prétendre, & même elles auroient pu alléguer des établissemens déja formés en leur faveur.

Mais d'abord une société de marine, par exemple, ne peut subsister qu'en y supposant réunies toutes les sciences sur lesquelles l'art naval est appuyé. Elle seroit donc une société des sciences particulièrement appliquées à la marine, & une sorte de double emploi. De même une société de médecine ne peut se soutenir qu'en appelant des anatomistes, des botanistes, des chimistes. Celle d'agriculture aura des botanistes, des minéralogistes, des chimistes, des hommes occupés d'économie politique & de commerce, &c.

Or, qu'en résultera-t-il? une diminution de considération pour ces sociétés particulières, parce que les savans qui les composeront, regarderont une place dans la société qui embrassera la généralité des sciences comme un objet plus digne d'exciter leur émulation.

Il faudra donc ou que l'on soit de deux, de trois sociétés à-la-fois; ce qui n'a aucun avantage que de nourrir la vanité, ce qui nuit à l'égalité; ou bien qu'il soit permis de passer de l'une à l'autre; ce qui produiroit des changemens continuels nuisibles à celle qui, ayant une moindre considération, seroit habituellement abandonnée; ou enfin qu'on reste irrévocablement fixé dans l'une d'elles; ce qui auroit l'inconvénient non moins grand d'exclure des sociétés consacrées à une seule science les hommes qui prétendroient à celle où elles sont toutes réunies.

D'ailleurs, je demanderai combien, par exemple, on trouvera d'hommes qui n'étant, ni assez grands géomètres, ni aſſez habiles mécaniciens pour être placés, comme tels, dans une ſociété ſavante, peuvent cependant accélérer les progrès de la ſcience navale; combien vous trouverez d'agriculteurs qui, ſans avoir un nom dans la botanique, auront réellement contribué à quelque grand progrès de l'agriculture; combien de médecins ou de chirurgiens célèbres comme tels, & non par leurs découvertes dans les ſciences. Le talent pour ces applications, en le ſéparant du génie des ſciences, ne peut être le partage d'un aſſez grand nombre d'hommes pour en former un corps à part; & loin de nuire à ces arts importans, c'eſt au contraire les ſervir que de les réunir dans une grande ſociété où chacun d'eux obtienne un petit nombre de places.

D'ailleurs, ces ſociétés ſéparées deviendroient en quelque ſorte une puiſſance élevée au-deſſus de ceux qui cultivent chacune des profeſſions qui y répondent; réunies, elles ne peuvent en être une à l'égard de la généralité des citoyens partagés entre ces profeſſions diverſes.

La quatrième claſſe renferme la grammaire, les lettres, les arts d'agrément, l'érudition.

Dans l'enſeignement public, dans la ſociété nationale, les arts d'agrément comme les arts mécaniques ſont conſidérés ſeulement dans la théorie qui leur eſt propre. On a pour objet de remplir cet intervalle qui ſépare la ſcience abſtraite de la pratique, la philoſophie d'un art de la ſimple exécution; c'eſt dans les ateliers du peintre, comme de l'artiſan ou du manufacturier, que l'art proprement dit doit être enſeigné par l'exercice même de l'art. Ainſi nos écoles ne diſpenſent point d'aller dans les ateliers; mais on y apprend à connoître les principes de ce qu'on doit ailleurs apprendre à exécuter.

C'eſt le moyen d'établir dans tous les arts, dans tous les métiers même, une pratique éclairée; de réunir par le lien d'une raiſon commune, d'une même langue, les hommes que leurs occupations ſéparent le plus. Car jamais nous n'avons perdu de vue cette idée de détruire tous les germes d'inégalité, de multiplier entre les hommes que la nature & les lois attachent au même ſol & aux mêmes intérêts, des rapports qui rendent leur réunion plus douce & plus intime.

La diſtribution du travail dans les grandes ſociétés, établit entre les facultés intellectuelles des hommes une diſtance incompatible avec cette égalité, ſans laquelle la liberté n'eſt pour la claſſe moins éclairée qu'une illuſion trompeuſe; & il n'exiſte que deux moyens de détruire cette diſtance: arrêter par-tout, ſi même on le pouvoit, la marche de l'eſprit humain, réduire les hommes à une éternelle ignorance, ſource de tous les maux; ou laiſſer à l'eſprit toute ſon activité, & rétablir l'égalité en répandant les lumières. Tel eſt le principe fondamental de notre travail; & ce n'eſt pas dans le dix-huitième ſiècle que nous avons à craindre le reproche d'avoir mieux aimé tout élever & tout affranchir, que de tout niveler par l'abaiſſement & la contrainte.

Cet enſeignement des arts s'élevant par degrés depuis les écoles primaires juſqu'aux lycées, portera dans toutes les diviſions de la ſociété la connoiſſance des principes qui doivent y diriger la pratique de ces arts, répandra par-tout & avec promptitude les découvertes & les méthodes nouvelles, & ne répandra que celles dont la bonté ſera prouvée par l'expérience: il excitera l'induſtrie des artiſtes, &, l'empêchant en même temps de s'égarer, préviendra la ruine à laquelle leur activité & leur talent les expofent lorfque l'ignorance de la théorie les abandonne à leur imagination ; & rien peut-être n'accélerera davantage le moment où la nation française atteindra dans les manufactures, dans les arts, le point où elle se feroit élevée dès long-temps, si les vices de la constitution & de ses lois n'avoient arrêté ses efforts, & comprimé son industrie.

Dans le plan que nous proposons, chaque individu ne pourra être membre que d'une seule classe ; il pourra passer de l'une à l'autre ; ce qui n'a point d'inconvénient, parce que chaque classe est trop bornée pour y admettre des savans qui n'y appartiennent pas essentiellement, qu'aucune n'admet de membres appartenans naturellement à une autre, qu'aucune enfin n'a d'infériorité dans l'opinion. Par les mêmes raisons, ces passages feront très-rares.

Nous avons déja observé que chaque classe de la société tiendroit des séances séparément ; elles feront ouvertes au public, mais seulement pour que ceux qui cultivent les sciences puissent écouter les lectures, suivre les discussions, & sans que la nécessité de se faire entendre des spectateurs, de se mettre à leur portée, des les intéresser ou de les amuser, influe sur l'ordre des séances, la forme des discussions ou le choix des lectures.

Les membres d'une classe auront droit de siéger dans toutes les autres, pourront prendre part aux discussions, lire des mémoires, insérer leurs ouvrages dans les recueils publiés par chacune ; & par ce moyen, la règle de n'appartenir qu'à une seule ne privera d'aucun avantage réel ni les sciences, ni ceux qui en cultiveroient à-la-fois plusieurs. La vanité seule perdra celui d'alonger son nom de quelques mots de plus.

Chaque classe est divisée en sections ; chaque section

e un nombre déterminé de membres, moitié réſidens à Paris, moitié répandus dans les départemens.

Cette diviſion en ſections eſt néceſſaire, par la raiſon que la ſociété eſt chargée de la ſurveillance de l'inſtruction, & elle eſt encore utile pour être sûr qu'aucune partie des ſciences ne ceſſera un moment d'être cultivée. Or c'eſt un des plus grands avantages qui puiſſent réſulter de l'établiſſement d'une ſociété ſavante.

En effet, chaque ſcience a ſes momens de vogue & ſes momens d'abandon. Une pente naturelle porte les eſprits vers celle où de nouveaux moyens ouvrent un champ vaſte à des découvertes utiles ou brillantes; tandis que dans une autre le talent a preſque épuiſé les méthodes connues, & attend que le génie lui en montre de nouvelles. Ainſi ces diviſions ſeront utiles juſqu'au moment où les ſciences, s'étendant au-delà de leurs limites actuelles, ſe rapprocheront, ſe pénétreront en quelque ſorte, & n'en feront plus qu'une ſeule.

La fixation du nombre des membres nous a paru également utile. Sans cela, une ſociété ſavante n'eſt plus un objet d'émulation; d'ailleurs elle ceſſe de pouvoir ſe gouverner elle-même; elle eſt forcée de confier les travaux ſcientifiques à un comité, & l'égalité y eſt détruite. C'eſt-ce qu'on voit à la ſociété royale de Londres. Comment ſept ou huit cents membres pourroient-ils avoir un droit égal de lire & de faire imprimer des mémoires, de prononcer ſur ceux qui méritent la préférence? N'eſt-il pas évident que la très-grande majorité eſt hors d'état de produire de bons ouvrages, & même de bien juger? Il faut donc ou borner le nombre des membres, ou avoir comme à Londres un comité ariſtocratique, ou ſe réduire à une nullité abſolue.

La moitié de ces ſavans auront leur réſidence habituelle dans les départemens; & cette distribution plus égale, nécessaire au progrès des sciences d'observation, de celles dont l'utilité est la plus immédiate, aura encore l'avantage de répandre les lumières avec plus d'uniformité; de les placer auprès d'un plus grand nombre de citoyens; d'exciter plus généralement le genre de l'étude & des recherches utiles; de faire mieux sentir le prix des talens & des connoissances; d'offrir partout à l'ignorance des instructeurs & des appuis; au charlatanisme, des ennemis prompts à le démasquer & à le combattre; de ne laisser aux préjugés aucune retraite où ils puissent jeter de nouvelles racines, se fortifier & s'étendre.

Les membres de la société nationale se choisiront eux-mêmes. La première formation une fois faite, si elle renferme à-peu-près les hommes les plus éclairés, on peut-être sûr que la société en présentera constamment la réunion. Depuis deux ans que l'on a beaucoup écrit contre l'esprit dominateur des académies, on a demandé de citer un seul exemple d'une découverte réelle, qu'elles ayent repoussée, d'un homme dont la réputation lui ait survécu, & qui ait été exclu autrement que par l'effet de l'intolérance politique ou religieuse, d'un savant célèbre par des ouvrages connus dans l'Europe, qui ait essuyé des refus répétés; & personne n'a répondu. C'est que les choix se font d'après des titres publics, des titres qui ne disparoissent point; c'est que l'erreur des jugemens peut être prouvée; c'est que les savans & les gens de-lettres dépendent de l'opinion publique; c'est sur-tout qu'ils répondent de leurs choix à l'Europe entière. Cette dernière observation est si vraie, que plus un genre de science a pour juges les hommes qui les cultivent dans les pays étrangers, plus aussi l'expérience a prouvé que les choix étoient à l'abri de tout reprocle; & c'eſt encore un des motifs qui nous ont déterminés à borner le nombre des membres de la ſociété nationale. En effet, tant que les noms connus dans l'Europe pourront remplir à-peu-près la liſte entière, les mauvais choix ne feront pas à craindre.

Cependant on a pris de nouvelles précautions. D'abord on formera une liſte publique de candidats: ainſi tous ceux qui cultivent les ſciences, qui les aiment, pourront, en connoiſſant les concurrens, apprécier les choix & exercer ſur la ſociété l'unique cenſure vraiment utile, celle de l'opinion armée du ſeul pouvoir de la vérité.

La claſſe entière composée de ſavans dans pluſieurs genres, qui prononcent d'après la renommée comme d'après leur jugement, réduiront cette liſte à un moindre nombre d'éligibles; enfin la ſection choiſira; & la reſponſabilité portant alors ſur un petit nombre d'hommes qui ne jugent que de talens qu'ils doivent bien connoître, deviendra ſuffiſante pour les contenir. Les membres de la ſociété nationale réſidens dans les départemens, concourront aux élections avec une entière égalité; ce qui oblige à prendre un mode d'élire tel, que la préſentation & l'élection ſe faſſent néceſſairement par un ſeul voeu. L'exemple de la ſociété italienne formée de membres diſperſés, ſuffit pour en prouver la poſſibilité.

Chaque claſſe de la ſociété nationale élit ſous les mêmes formes les profeſſeurs des lycées, dont l'enſeignement correſpond aux ſciences qui ſont l'objet de cette claſſe.

Les profeſſeurs du lycée nomment ceux des inſtituts; mais la municipalité aura le droit de réduire la liſte des éligibles.

Quant aux inſtituteurs des écoles ſecondaires & primaires, la liſte d'éligibles ſera faite par les profeſſeurs des inſtituts de l'arrondiſſement, & le choix appartiendra pour les premiers au corps municipal du lieu où l'école eſt ſituée, pour les derniers à l'aſſemblée des pères de famille de l'arrondiſſement de l'école.

En effet, les profeſſeurs comme les inſtituteurs doivent avoir des connoiſſances dont les corps adminiſtratifs ne peuvent être juges, qui ne peuvent être appréciées que par des hommes en qui l'on ait droit de ſuppoſer une plus grande inſtruction. La liſte d'éligibles qui conſtate la capacité doit donc être formée par les membres d'un établiſſement ſupérieur. Mais ſi dans le choix d'un profeſſeur entre les éligibles, il faut préférer le plus ſavant, le plus habile; dans celui des inſtituteurs où les élèves ſont plus jeunes, où les qualités morales du maître influent ſur eux davantage, où il ne s'agit que d'enſeigner des connoiſſances très-élémentaires, on doit prendre pour guide l'opinion, ou de ceux que la nature à chargés du bonheur de la génération naiſſante, ou du moins de leurs repréſentans les plus immédiats. C'eſt dans les mêmes vues que l'on donne aux municipalités le droit de réduire la liſte des éligibles pour les profeſſeurs des inſtituts. Les convenances perſonnelles & locales y ont déjà quelque importance; & ce droit d'excluſion ſuffit pour répondre qu'elles ne ſeront point trop ouvertement bleſſées.

Des directoires formés dans la ſociété nationale, les lycées, les inſtituts ſeront chargés de l'inſpection habituelle des établiſſemens inférieurs. Dans les circonſtances importantes, la déciſion appartiendra à une des claſſes de la ſociété nationale, ou à l'aſſemblée des profeſſeurs, ſoit du lycée, ſoit des inſtituts.

Par ce moyen, l'indépendance de l'inſtruction ſera garantie, & l'inſpection n'exigera point d'établiſſement particulier où l'on auroit pu craindre l'esprit de domination. Comme la société nationale est partagée en quatre classes correspondantes à des divisions scientifiques, comme sur chaque objet important le droit de prononcer appartient à une classe seulement, on voit combien, sans nuire cependant à la sûreté de l'inspection, on est à l'abri de la crainte de voir les corps instruisans élever dans l'État un nouveau pouvoir.

L'unité n'est pas rompue, parce que les questions générales qui intéresseroient un établissement entier ne peuvent être décidées que par des lois qu'il faudroit demander au Corps législatif.

Si l'on compte toutes les sommes employées pour les établissemens littéraires remplacés par les nouvelles institutions, les biens des congrégations enseignantes, ceux des colléges, les appointemens que les villes donnoient aux professeurs, les revenus des écoles de toute espèce; si on y ajoute enfin ce qu'il en coûtoit au peuple pour payer les maîtres de ces écoles, on trouvera que la dépense de la nouvelle organisation de l'instruction publique ne surpassera pas de beaucoup, & peut-être n'égalera point ce que les institutions anciennes coûtoient à la nation. Ainsi une instruction générale, complète, supérieure à ce qui existe chez les autres nations, remplacera, même avec moins de frais, ce système d'éducation publique, dont l'imperfection grossière offroit un contraste si honteux pour le gouvernement avec les lumières, les talens, & le génie qui avoient su briser parmi nous tous les liens des préjugés, comme tous les obstacles des institutions politiques.

Nous avons présenté dans ce plan l'organisation de l'instruction publique telle que nous avons cru qu'elle devoit être, & nous en avons séparé la manière de former les nouveaux établissemens. Nous avons pensé qu'il falloit que l'Assemblée nationale eût déterminé ce qu'elle vouloit faire, avant de nous occuper des moyens de remplir ses vues.

Dans les villages où il n'y aura qu'une seule école primaire, les enfans des deux sexes y seront admis, & recevront d'un même instituteur une instruction égale. Lorsqu'un village ou une ville auront deux écoles primaires, l'une d'elles sera confiée à une institutrice, & les enfans des deux sexes seront séparés.

Telle est la seule disposition relative à l'instruction des femmes, qui fasse partie de notre premier travail; cette instruction sera l'objet d'un rapport particulier: &, en effet, si l'on observe que dans les familles peu riches, la partie domestique de l'éducation des enfans est presque uniquement abandonnée à leurs mères; si l'on songe que sur vingt-cinq familles livrées à l'agriculture, au commerce, aux arts, une au moins a une veuve pour son chef, on sentira combien cette portion du travail qui nous a été confiée est importante, & pour la prospérité commune, & pour le progrès général des lumières.

On pourra reprocher à ce systême d'organisation de ne pas respecter assez l'égalité entre les hommes livrés à l'étude, & d'accorder trop d'indépendance à ceux qui entrent dans le systême de l'instruction publique.

Mais, d'abord ce n'est pas ici une distinction qu'il s'agit d'établir, mais une fonction publique qu'il est nécessaire de conférer à des hommes dont le nombre soit déterminé, dont la réunion soit assujétie à des formes régulières. La raison exige que les hommes chargés d'instruire ou les enfans ou les citoyens, soient choisis par ceux qu'on peut supposer avoir des lumières égales ou supérieures. La surveillance des établiſſemens d'inſtruction n'exige-t-elle pas auſſi cette même égalité, s'il s'agit de l'enſeignement dans les lycées ; cette ſupériorité, s'il s'agit de celui des établiſſemens inférieurs ? Il falloit donc remonter à une réunion d'hommes qui puſſent ſatisfaire à cette condition eſſentielle. Laiſſeroit-on le choix de ces hommes à la maſſe entière de ceux qui cultivent les ſciences & les arts, ou qui prétendent les cultiver ? Mais il n'y auroit plus aucun motif de ne pas appeler à ce choix la généralité des citoyens ; car ſi la prétention d'être ſavant ſuffiſoit pour exercer ce droit, s'il ſuffiſoit de ſe réunir en un corps qui ſe donnât pour éclairé, il eſt bien évident que ces conditions n'excluroient ni la profonde ignorance, ni les doctrines les plus abſurdes. D'ailleurs, ce ſeroit autoriſer de véritables corporations, des jurandes proprement dites ; car toute aſſociation libre à laquelle on donneroit une fonction publique quelconque, prendroit néceſſairement ce caractère.

Ce n'eſt pas l'ignorance ſeule qui ſeroit à craindre, c'eſt la charlatanerie qui bientôt détruiroit & l'inſtruction publique & les arts, & les ſciences, ou qui du moins emploieroit pour les détruire tout ce que la nation auroit conſacré à leurs progrès.

Enfin la puiſſance publique choiſiroit-elle entre ces ſociétés, & alors à un corps compoſé d'hommes très-éclairés, elle en ſubſtitueroit de plus nombreux où les lumières ſeroient plus foibles, où les hommes médiocres s'introduiroient avec plus de facilité, ſeroient moins aiſément contenus par l'aſcendant du génie & des talens ſupérieurs, où enfin régneroit bientôt un oſtraciſme d'autant plus effrayant, que la médiocrité eſt facilement dupe ou complice de la charlatanerie, & n'étend pas ſur elle cette haine de tout ſuccès brillant ou durable, qui lui eſt ſi naturelle.

Ou bien la puissance publique reconnoîtroit-elle toute espèce de société libre ; & alors chaque classe de charlatans auroit la sienne. Ce ne seroit pas l'ignorance modeste qui jugeroit les talens d'après l'opinion commune, ce qui déjà seroit un mal ; mais l'ignorance présomptueuse qui les jugeroit d'après son orgueil ou son intérêt.

Au contraire, dans le plan que nous proposons, les sociétés libres ne peuvent que produire des effets salutaires. Elles serviront de censeurs à la société nationale, qui exercera sur elles en même-temps une censure non moins utile. Celles où le charlatanisme domineroit, s'anéantiroient bientôt, parce qu'aucune espérance de séduire l'opinion publique ne les soutiendroit. Chacune d'elles suivant l'étendue quelle donneroit à ses occupations, chercheroit à n'être pas au-dessous de la société nationale, qui elle-même voudroit ne pas se trouver inférieure. Elles seroient sur-tout les juges naturels des choix de cette société, & par-là elles contribueroient plus à en assurer la bonté que si elles y concouroient d'une manière directe.

Enfin la société chargée de surveiller l'instruction nationale, de s'occuper des progrès des sciences, de la philosophie & des arts, au nom de la puissance publique, doit être uniquement composée de savans, c'est-à-dire, d'hommes qui ont embrassé une science dans toute son étendue, en ont pénétré toute la profondeur, ou qui l'ont enrichie par des découvertes.

Sans une telle société, puisque la connoissance des principes des arts est encore étrangère à presque tous ceux qui les cultivent; puisque leur histoire n'est connue que d'un petit nombre de savans, comment ne seroit-on pas exposé à voir, & la nation & les citoyens accueillir, récompenser, mettre en œuvre, comme autant de découvertes utiles, des procédés ou des moyens depuis long-temps connus, & rejetés par une ſaine théorie, ou abandonés après une expérience malheureuſe ?

Les ſociétés libres au contraire, ne peuvent exiſter ſi elles n'admettent à-la-fois & les ſavans & les amateurs des ſciences ; & c'eſt par-là ſur-tout qu'elles en inſpireront le goût, qu'elles contribueront à les répandre, qu'elles ſoutiendront, qu'elles perfectionneront les bonnes méthodes de les étudier, c'eſt alors que ces ſociétés encourageront les arts ſans en protéger le charlataniſme, qu'elles formeront pour les ſciences une opinion commune des hommes éclairés qu'il ſera impoſſible de méconnoître, & dont la ſociété nationale ne ſera plus que l'interprète.

En même-temps, tout citoyen pouvant former librement des établiſſemens d'inſtruction, il en réſulte encore pour les écoles nationales l'invincible néceſſité de ſe tenir au moins au niveau de ces inſtitutions privées ; & la liberté, ou plutôt l'égalité reſte auſſi entière qu'elle peut l'être auprès d'un établiſſement public.

Il ne faut pas confondre la ſociété nationale telle que nous l'avons conçue, avec les ſociétés ſavantes qu'elle remplace. L'égalité réelle qui en eſt la baſe, ſon indépendance abſolue du pouvoir exécutif, la liberté entière d'opinions qu'elle partage avec tous les citoyens, les fonctions qui lui ſont attribuées relativement à l'inſtruction publique, une diſtribution de travail qui la force à ne s'occuper que d'objets utiles, un nombre égal de ſes membres répandu dans les départemens, toutes ces différences aſſurent qu'elle ne méritera pas les reproches ſouvent exagérés, mais quelquefois juſtes, dont les académies ont été l'objet. D'ailleurs, dans une conſtitution fondée ſur l'égalité, on ne doit pas craindre de voir une ſociété d'hommes éclairés contracter aiſément cet eſprit de corporation ſi dangereux, mais ſi naturel dans un temps où tout étoit privilége. Alors chaque homme s'occupoit d'obtenir des prérogatives ou de les étendre ; aujourd'hui tous savent que les citoyens seuls ont des droits, & que le titre de fonctionnaire public ne donne que des devoirs à remplir.

Cette indépendance de toute puissance étrangère, où nous avons placé l'enseignement public, ne peut effrayer personne, puisque l'abus seroit à l'instant corrigé par le pouvoir législatif, dont l'autorité s'exerce immédiatement sur tout le systême de l'instruction. L'existence d'une instruction libre & celle des sociétés savantes, librement formées, n'opposeront-elles pas encore à cet abus une puissance d'opinion d'autant plus imposante, que, sous une constitution populaire, aucun établissement ne peut subsister, si l'opinion n'ajoute sa force à celle de la loi? D'ailleurs, il est une dernière autorité à laquelle, dans tout ce qui appartient aux sciences, rien ne peut résister: c'est l'opinion générale des hommes éclairés de l'Europe, opinion qu'il est impossible d'égarer ou de corrompre: c'est d'elle seule que dépend toute célébrité brillante ou durable ; c'est-elle qui revenant s'unir à la réputation que chacun a d'abord acquise autour de lui, y donne plus de solidité & plus d'éclat ; c'est en un mot pour les savans, pour les hommes-de-lettres, pour les philosophes, une sorte de postérité anticipée, dont les jugemens sont aussi impartiaux, presque aussi certains, & une puissance suprême au joug de laquelle ils ne peuvent tenter de se soustraire.

Enfin, l'indépendance de l'instruction fait en quelque sorte une partie des droits de l'espèce humaine. Puisque l'homme a reçu de la nature une perfectibilité dont les bornes inconnues s'étendent, si même elles existent, bien au-delà de ce que nous pouvons concevoir encore, puiſque la connoiſſance de vérités nouvelles eſt pour lui le ſeul moyende développer cette heureuſe faculté, ſource de ſon bonheur & de ſa gloire, quelle puiſſance pourroit avoir le droit de lui dire : voilà ce qu'il faut que vous ſachiez, voilà le terme où vous devez vous arrêter ? Puiſque la vérité ſeule eſt utile, puiſque toute erreur eſt un mal, de quel droit un pouvoir quel qu'il fût oſeroit-il déterminer où eſt la vérité, où ſe trouve l'erreur ?

D'ailleurs, un pouvoir qui interdiroit d'enſeigner une opinion contraire à celle qui a ſervi de fondement aux lois établies, attaqueroit directement la liberté de penſer, contrediroit le but de toute inſtitution ſociale, le perfectionnement des lois ; ſuite néceſſaire du combat des opinions & du progrès des lumières.

D'un autre côté, quelle autorité pourroit preſcrire d'enſeigner une doctrine contraire aux principes qui ont dirigé les légiſlateurs ?

On ſe trouveroit donc néceſſairement placé entre un reſpect ſuperſtitieux pour les lois exiſtantes, ou une atteinte indirecte, qui, portée à ces lois au nom d'un des pouvoirs inſtitués par elles, pourroit affoiblir le reſpect des citoyens ; il ne reſte donc qu'un ſeul moyen : l'indépendance abſolue des opinions, dans tout ce qui s'élève au-deſſus de l'inſtruction élémentaire. C'eſt alors qu'on verra la ſoumiſſion volontaire aux lois, & l'enſeignement des moyens d'en corriger les vices, d'en rectifier les erreurs, exiſter enſemble, ſans que la liberté des opinions nuiſe à l'ordre public, ſans que le reſpect pour la loi enchaîne les eſprits, arrête le progrès des lumières, & conſacre des erreurs. S'il falloit prouver par des exemples le danger de ſoumettre l'enſeignement à l'autorité, nous citerions l'exemple de ces peuples, nos premiers maîtres dans toutes les ſciences, de ces Indiens, de ces Égyptiens dont les antiques connoiſſances nous étonnent encore, chez qui l'eſprit humain fit tant de progrès, dans des temps dont nous ne pouvons même fixer l'époque, & qui retombèrent dans l'abrutiſſement de la plus honteuſe ignorance, au moment où la puiſſance religieuſe s'empara du droit d'inſtruire les hommes. Nous citerions la Chine, qui nous a prévenus dans les ſciences & dans les arts, & chez qui le gouvernement en a ſubitement arrêté tous les progrès, depuis des milliers d'années, en faiſant de l'inſtruction publique une partie de ſes fonctions. Nous citerions cette décadence où tombèrent tout-à-coup la raiſon & le génie chez les Romains & chez les Grecs, après s'être élevés au plus haut degré de gloire, lorſque l'enſeignement paſſa des mains des philoſophes à celles des prêtres. Craignons, d'après ces exemples, tout ce qui peut entraver la marche libre de l'eſprit humain. A quelque point qu'il ſoit parvenu, ſi un pouvoir quelconque en ſuſpend le progrès, rien ne peut garantir même du retour des plus groſſières erreurs; il ne peut s'arrêter ſans retourner en arrière; & du moment où on lui marque des objets qu'il ne pourra examiner ni juger, ce premier terme mis à ſa liberté, doit faire craindre que bientôt il n'en reſte plus à ſa ſervitude.

D'ailleurs la conſtitution françaiſe elle-même nous fait de cette indépendance un devoir rigoureux. Elle a reconnu que la nation a le droit inaliénable & impreſcriptible de réformer toutes ſes lois : elle a donc voulu que dans l'inſtruction nationale, tout fût ſoumis à un examen rigoureux. Elle n'a donné à aucune loi une irrévocabilité de plus dix années : elle a donc voulu que les principes de toutes les lois fuſſent diſcutés, que toutes les théories politiques puſſent être enſeignées & combattues, qu'aucun ſyſtême d'organiſation ſociale ne fût offert à l'enthoufiafme ni aux préjugés, comme l'objet d'un culte fuperftitieux, mais que tous fuffent préfentés à la raifon, comme des combinaifons diverfes entre lefquelles elle a le droit de choifir. Auroit-on réellement refpecté cette indépendance inaliénable du peuple, fi on s'étoit permis de fortifier quelques opinions particulières de tout le poids que peut leur donner un enfeignement général; & le pouvoir qui fe feroit arrogé le droit de choifir ces opinions, n'auroit-il pas véritablement ufurpé une portion de la fouveraineté nationale?

Le plan que nous préfentons à l'Affemblée, a été combiné d'après l'examen de l'état actuel des lumières en France & en Europe; d'après ce que les obfervations de plufieurs fiècles ont pu nous apprendre fur la marche de l'efprit humain dans les fciences & dans les arts: enfin, d'après ce qu'on peut attendre & prévoir de fes nouveaux progrès.

Nous avons cherché ce qui pourroit plus sûrement contribuer à lui donner une marche plus ferme, à rendre fes progrès plus rapides.

Il viendra fans doute un temps où les fociétés favantes, inftituées par l'autorité, feront fuperflues, & dès-lors dangereufes, où même tout établiffement public d'inftruction deviendra inutile: ce fera celui où aucune erreur générale ne fera plus à craindre; où toutes les caufes qui appellent l'intérêt ou les paffions au fecours des préjugés, auront perdu leur influence: où les lumières feront répandues avec égalité & fur tous les lieux d'un même territoire, & dans toutes les claffes d'une même fociété; où toutes les fciences & toutes les applications des fciences feront également délivrées du joug de toutes les fuperftitions & du poifon des fauffes doctrines; où chaque homme enfin trouvera dans fes propres connoiffances, dans la rectitude de ſon eſprit, des armes ſuffiſantes pour repouſſer toutes les ruſes de la charlatanerie : mais ce temps eſt encore éloigné ; notre objet devoit être d'en préparer, d'en accélérer l'époque ; & en travaillant à former ces inſtitutions nouvelles, nous avons dû nous occuper ſans ceſſe de hâter l'inſtant heureux où elles deviendront inutiles.

PROJET DE DÉCRET,

TITRE PREMIER.

Division de l'instruction.

ARTICLE PREMIER.

Il y aura cinq degrés d'instruction, qui correspondront aux besoins qu'ont les différens citoyens d'acquérir plus ou moins de connoissances.

II.

Des *écoles primaires* formeront le premier degré. On y enseignera les connoissances rigoureusement nécessaires à tous les citoyens. Les maîtres de ces écoles s'appelleront *instituteurs*.

III.

Des *écoles secondaires*, établies dans les villes, formeront le second degré. On y enseignera ce qui est nécessaire pour exercer les emplois de la société, & remplir les fonctions publiques qui n'exigent ni une grande étendue de connoissances, ni un genre d'études particulier. Les maîtres porteront aussi le nom d'*instituteurs*.

IV.

Les écoles du troisième degré porteront le nom d'*instituts*. On y enseignera les connoissances nécessaires pour remplir toutes les fonctions publiques, & celles qui peuvent servir au perfectionnement de l'industrie. Les maîtres, dans ces établissemens, porteront le nom de *professeurs*.

V.

Il y aura dans l'Empire plusieurs établissemens où l'on enseignera l'ensemble & les parties les plus relevées des sciences & des arts. Ces établissemens, sous le nom de *lycées*, formeront le quatrième degré d'instruction. Les maîtres auront, comme ceux des instituts, le nom de *professeurs*.

V I.

Une société nationale, appartenante à tout l'Empire, dirigera l'enseignement, s'occupera du progrès des sciences & des arts, & en général du perfectionnement de la raison humaine. Elle formera le dernier degré d'instruction.

TITRE II.

Ecoles primaires.

ARTICLE PREMIER.

Dans les écoles primaires des campagnes, on apprendra à lire & à écrire. On y enseignera les règles de l'arithmétique, les premières connoissances morales, naturelles & économiques, nécessaires aux habitans des campagnes.

II.

On enseignera les mêmes objets dans les écoles primaires des bourgs & des villes; mais on insistera moins sur les connoissances relatives à l'agriculture, & davantage sur les connoissances relatives aux arts & au commerce.

III.

L'enseignement des écoles primaires sera partagé en quatre divisions, que les élèves parcourront successivement.

IV.

Les élèves ne seront pas admis à ces écoles avant l'âge de six ans.

V.

On fera composer incessamment les livres élémentaires qui devront être enseignés dans les écoles primaires. Ces livres seront rédigés d'après la meilleure méthode d'enseignement que les progrès actuels des sciences nous indiquent, & d'après les principes de liberté, d'égalité, de pureté dans les mœurs, & de dévouement à la chose publique, consacrés par la constitution.

Outre ces livres pour les enfans, il en sera fait d'autres qui serviront à guider les instituteurs. Ceux-ci contiendront des principes sur la méthode d'enseigner, de former les jeunes gens aux vertus civiques & morales : des explications & des développemens des objets contenus dans les livres élémentaires de l'école.

Il y aura quelque différence entre les livres à l'usage des campagnes & ceux à l'usage des bourgs & villes ; différence qui se rapportera à celle de l'enseignement.

V I.

La religion sera enseignée dans les temples, par les ministres respectifs des différens cultes.

V I I.

Tous les dimanches, l'instituteur donnera une instruction publique, à laquelle les citoyens de tout âge, & sur-tout les jeunes gens qui n'ont pas encore prêté le serment civique, seront invités d'assister.

Ces instructions auront pour objet :

1°. De rappeler les connoissances acquises dans les écoles ;

2°. De développer les principes de la morale & du droit naturel ;

3°. D'enseigner la constitution & les lois dont la connoissance est nécessaire à tous les citoyens, & en particulier celles qui sont utiles aux jurés, juges-de-paix, officiers municipaux ; d'annoncer & d'expliquer les lois nouvelles qu'il leur est important de connoître ;

4°. De donner des connoissances sur la culture & les arts, d'après les découvertes nouvelles.

V I I I.

Il sera composé, pour les citoyens des campagnes & ceux des villes qui se borneront au premier degré d'instruction, des livres de lecture. Ces ouvrages, différens pour les âges & les sexes, rappelleront à chacun ses droits & ses devoirs, ainsi que les connoissances nécessaires à la place qu'il occupe dans la société.

I X.

Il sera formé, pour chaque école, une petite collection de livres à l'usage des enfans qui fréquenteront l'école, & la garde en sera confiée à l'instituteur.

X.

Il y aura une école primaire & un instituteur dans tous les villages qui ont depuis 400 jusqu'à 1500 habitans.

X I.

Pour les villages au-dessous de 400 habitans, & les habitations dispersées & éloignées de plus de mille toises d'une école, il y aura une école & un instituteur par arrondissement, comprenant depuis 400 jusqu'à 1500 habitans. Les enfans des habitations qui ne sont pas éloignées de plus de mille toises d'une école, fréquenteront l'école la plus voisine.

X I I.

Dans les endroits qui renferment de 1500 à 4 mille habitans, il y aura deux écoles, un instituteur & une institutrice; ou une seule école, avec un instituteur & une institutrice.

X I I I.

Dans les villes de 4 à 8 mille habitans, il y aura quatre écoles, deux instituteurs & deux institutrices.

X I V.

Dans les villes de 8 à 20 mille habitans, il y aura

par 4 mille habitans, deux écoles, l'une avec un inſtituteur, l'autre avec une inſtitutrice.

X V.

Dans les villes au-deſſus de 20 mille habitans juſqu'à 50 mille, il y aura deux écoles, l'une avec un inſtituteur, l'autre avec une inſtitutrice, par cinq mille habitans.

X V I.

Dans les villes plus conſidérables, il y aura un inſtituteur & une inſtitutrice par ſix mille habitans.

TITRE III.

Ecoles secondaires.

ARTICLE PREMIER.

On enseignera dans les écoles secondaires :

1°. Les notions grammaticales nécessaires pour parler & écrire correctement, l'histoire & la géographie de la France, & des pays voisins ;

2°. Les principes des arts mécaniques, les élémens pratiques de commerce, le dessin.

3°. On y donnera des développemens sur les points les plus importans de la morale & de la science sociale, avec l'explication des principales lois, & les règles des conventions & des contrats.

4°. On y donnera des leçons élémentaires de mathématiques, de physique & d'histoire naturelle, relatives aux arts, à l'agriculture & au commerce.

II.

Dans les écoles secondaires, où il y aura plus d'un instituteur, on pourra enseigner une des langues étrangères les plus utiles, suivant les localités.

III.

L'enseignement sera partagé en trois divisions, que les élèves parcourront successivement.

IV.

Les livres élémentaires composés pour ces écoles, seront aussi partagés en trois divisions, correspondantes à celles de l'enseignement.

V.

Les instituteurs des écoles secondaires, donneront

aussi, tous les dimanches, des instructions auxquelles tous les citoyens pourront assister.

V I.

Chaque école secondaire aura une bibliothèque proportionnée à l'étendue des connoissances qu'on y enseigne, avec quelques modeles de machines, & quelques instrumens de physique. La garde en sera confiée à l'un des instituteurs.

V I I.

Il y aura des écoles secondaires dans chaque chef-lieu de district, & en outre dans les endroits de 4 mille habitans & au-dessus

V I I I.

Dans les endroits de plus de 1500, mais de moins de 4,000 habitans, qui seroient trop éloignés des écoles secondaires, il pourra en être établi une sur la demande motivée des communes, & l'avis des Corps administratifs.

I X.

Dans les endroits qui auront moins de 6,000 habitans, il n'y aura qu'une école secondaire, & un seul instituteur.

X.

Dans les villes de 6 à 8,000 habitans, il y aura une école secondaire avec deux instituteurs.

X I.

Dans chaque ville de 8 à 15 mille habitans, il y aura une école secondaire, avec trois instituteurs.

X I I.

Dans les villes qui ont plus de 15 mille habitans, il y aura une école secondaire, avec trois instituteurs par 15 mille habitans.

TITRE IV.

Instituts.

Article premier.

Dans les instituts, l'enseignement sera divisé en plusieurs cours, en sorte que les étudians puissent, suivant leurs talens & leurs progrès, en fréquenter deux, ou un plus grand nombre à la fois.

II.

Les instituts seront organisés de la manière suivante :

Première classe.

Sciences mathématiques & physiques.

Un professeur de mathématiques pures.

Un professeur de mathématiques appliquées, qui comprendra dans ses leçons les élémens de mécanique, d'optique, d'astronomie, & les applications élémentaires les plus utiles du calcul & de la géométrie à la physique, aux sciences morales & politiques. La mécanique sera enseignée tous les ans : l'enseignement des autres parties pourra être partagé en deux années.

Un professeur de physique & de chimie expérimentales, qui enseignera aussi les élémens d'agriculture.

Un professeur d'histoire naturelle des trois règnes.

Seconde classe.

Sciences morales & politiques.

Un professeur d'analyse des sensations & des idées, de morale, de méthode des sciences ou logique, de principes généraux des constitutions politiques.

Un professeur de législation, d'économie politique & d'élémens de commerce.

Un professeur de géographie & d'histoire philosophique des peuples.

TROISIÈME CLASSE.

Application des sciences aux arts.

Un professeur d'anatomie comparée, d'accouchemens & d'art vétérinaire.

Il y aura de plus, dans chaque département, un enseignement de médecine-pratique. Le mode d'exécution sera déterminé par le comité d'instruction réuni à celui des secours.

Un professeur d'art militaire.

Un professeur de principes généraux des arts & métiers.

L'un de ces deux professeurs enseignera la géométrie-graphique, ou la manière d'arriver avec la règle & le compas aux résultats de l'arithmétique, de la géométrie, de la perspective, &c.

QUATRIÈME CLASSE.

Littérature & beaux-arts.

Un professeur de théorie générale & élémentaire des beaux-arts.

Un professeur de grammaire générale & d'art d'écrire.

Un professeur de langue latine.

Dans quelques instituts, il y aura de plus un cours de langue grecque.

Un professeur de langues étrangères.

On choisira pour chaque institut, la langue étrangère la plus convenable aux localités.

III.

Les cours, dans tous les instituts se donneront en français.

IV.

Un maître de dessin sera attaché à chaque institut.

V.

Il y aura, dans chaque institut, une bibliothèque, un cabinet d'instrumens de physique, de modèles de machines & d'histoire naturelle, ainsi qu'un jardin pour la botanique & l'agriculture: ces collections seront bornées aux objets d'une utilité générale & aux productions du département. La bibliothèque & le cabinet seront publics.

VI.

La garde de ces objets sera confiée à un *conservateur*, chargé d'entretenir & de compléter les collections. Il aura, de plus, la surveillance sur les bâtimens & les salles de l'établissement.

VII.

Le jardin de botanique & d'agriculture, & le jardinier qui y sera attaché, seront sous la direction des professeurs de physique & d'histoire naturelle.

VIII.

Il y aura provisoirement, dans chaque institut, un cours, où les personnes qui se destinent aux places d'instituteurs des écoles primaires & secondaires, seront formées à une méthode d'enseigner, simple, facile, & à la portée des enfans, & où ils apprendront à faire uſage du livre qui doit leur ſervir de guide. Les profeſſeurs de l'inſtitut & le conſervateur nommeront, chaque année, un des profeſſeurs, qui donnera ce cours & qui recevra, pour cet objet, des appointemens particuliers.

I X.

Les profeſſeurs & le conſervateur auront au moins tous les mois une conférence publique, où ils rendront compte des découvertes faites dans les ſciences & les arts, & où ils pourront lire des mémoires ſur diverſes connoiſſances qui ſont partie de l'enſeignement.

X.

Il ſera établi cent - dix inſtituts dans l'empire ; ſavoir, un par département, & vingt ſept qui ſeront répartis à raiſon des localités.

TITRE V.

Lycées.

Article premier.

L'enſeignement des lycées ſera partagé en quatre claſſes, à chacune deſquelles ſeront attachés pluſieurs profeſſeurs.

II.

Première classe.

Sciences mathématiques & phyſiques.

Géométrie tranſcendante & analyſe mathématique.	Un profeſſeur.
Mécanique, hydraulique, mécanique céleſte, & applications de l'analyſe aux objets phyſiques	Un profeſſeur.
Applications du calcul aux ſciences morales & politiques.	Un profeſſeur.
L'un de ces profeſſeurs ſera chargé d'enſeigner la géographie mathématique.	
Aſtronomie d'obſervation . . .	Un profeſſeur.
Ce profeſſeur dirigera l'obſervatoire du lycée.	
Phyſique expérimentale	Un profeſſeur.
Chimie	Un profeſſeur.
Minéralogie & géologie	Un profeſſeur.
Botanique & phyſique végétale .	Un profeſſeur.
Zoologie	Un profeſſeur.

L'un des deux professeurs précédens sera chargé d'enseigner l'entomologie ou description des insectes.

SECONDE CLASSE.

Sciences morales & politiques.

Méthode des sciences, analyse des sensations & des idées, morale & droit naturel.	Un professeur.
Science sociale, économie politique, finances, commerce . . .	Un professeur.
Droit public & législation générale.	Un professeur.
Législation française.	Un professeur.
Chronologie, géographie, histoire philosophique & politique des différens peuples.	Un professeur.

TROISIÈME CLASSE.

Applications des sciences aux arts.

Anatomie & physiologie	Un professeur.
Pharmacie & matière médicale .	Un professeur.
Médecine théorique (comprenant la pathologie, la séméïotique, la nosologie & la thérapeutique) . .	Un professeur.
Médecine pratique des maladies internes & externes	Deux professf.

Ces cours seront faits partie au lit des malades, partie dans une salle voisine.

Théorie & pratique des accouchemens, des maladies des femmes en couches, & de celles des enfans. .	Un professeur.
Art vétérinaire	Un professeur.

Ces professeurs choisiront tous les ans un d'entre eux, pour enseigner l'histoire & la méthode de la médecine, ainsi que la médecine légale, & un autre pour enseigner l'hygienne.

Agriculture & économie rurale . .	Un professeur.
Art d'exploiter les mines. . . .	Un professeur.
Théorie de l'art militaire. . . .	Un professeur.
Science navale	Un professeur.
Stéréotomie, & partie géométrique des constructions, & des arts & métiers.	Un professeur.
Partie mécanique & physique des arts & métiers	Un professeur.
Partie chimique des arts & métiers.	Un professeur.

Quatrième Classe.

Littérature & beaux arts.

Théorie des beaux arts en général, & en particulier, de la poësie & de l'éloquence.	Un professeur.
Antiquités	Un professeur.
Langues orientales.	Un professeur.
Langue & littérature grecque . .	Un professeur.
Langue & littérature latine. . .	Un professeur.
Langue & littérature modernes.	Trois profess.

On choisira pour chaque lycée les trois langues vivantes qui conviennent le mieux aux localités.

Deſſin pour la peinture, la ſculpture & l'architecture . . . . Deux profeſſ.

Théorie de la muſique & compoſition. . . . . Un profeſſeur.

III.

Dans le lycée de Paris, la claſſe de l'application des ſciences aux arts pourra recevoir quelques profeſſeurs de plus, en doublant les cours pour leſquels il ſe préſentera un trop grand nombre d'auditeurs. Celle de littérature & des beaux arts, aura un plus grand nombre de profeſſeurs pour l'enſeignement des langues anciennes ou étrangères, & pour former une école complette de peinture & de ſculpture, de muſique & de déclamation.

IV.

Auprès de chaque lycée il y aura une grande bibliothéque, des jardins pour la botanique & l'agriculture, & un muſée compoſé d'une collection d'hiſtoire naturelle & d'anatomie, d'une collection d'inſtrumens de phyſique & de modèles de machines, & d'une collection d'antiquités, de tableaux & de ſtatues. Les bibliothéques & les muſées ſeront publics.

V.

La garde en ſera confiée, dans chaque lycée, à deux conſervateurs, dont les fonctions ſeront de claſſer les objets, d'en empêcher la dégradation, de compléter les collections, & d'en faire jouir le public. Les conſervateurs auront de plus la ſurveillance ſur les ſalles & les bâtimens du lycée.

V I.

La bibliothéque, le jardin de botanique, & le musée du lycée de Paris, renfermant les collections les plus rares & les plus complètes du royaume, seront confiés à la surveillance d'un plus grand nombre de conservateurs. Ce nombre sera fixé par un décret particulier.

V I I.

Il pourra y avoir, pour chaque lycée, deux jardiniers, un pour la botanique, & un pour l'agriculture. ce dernier donnera des leçons pratiques de culture & de jardinage.

V I I I.

Les professeurs & les conservateurs des lycées, auront au moins tous les mois une conférence publique, sur le perfectionnement de l'enseignement, & sur les progrès des sciences, des lettres & des arts.

I X.

L'enseignement sera gratuit dans tous les degrés d'instruction.

X.

Les professeurs des lycées, & ceux des instituts, ne pourront pas donner de cours particuliers.

X I.

Les sciences & les arts seront enseignés, en françois, dans tous les lycées.

XII.

Il y aura, en France, neuf lycées, dont les dénominations & le placement seront comme il suit :

Lycée du Nord . . . . . à . . Douay.
du Nord-Eſt . . . à . . Strasbourg.
de l'Eſt. . . . . . à . . Dijon.
du Sud-Eſt. . . . à . . Montpellier.
du Sud-Oueſt. . . à . . Touloufe.
de l'Oueſt. . . . . à . . Poitiers.
du Nord-Oueſt. . . à . . Rennes.
du Centre . . . . . à . . Clermont-Ferrant.

Lycée de Paris.

TITRE VI.

Société nationale des sciences & arts.

ARTICLE PREMIER.

La société nationale des sciences & des arts appartient à tout l'empire.

L'objet de ses travaux & ses fonctions sont, 1°. de surveiller & diriger l'instruction générale; 2°. de contribuer au perfectionnement & à la simplification de l'enseignement; 3°. de reculer, par des découvertes, les limites des sciences & des arts; 4°. de correspondre avec les sociétés savantes étrangères, pour enrichir la France des découvertes des autres nations. Elle sera, suivant les circonstances, chargée par le Corps législatif de différens travaux scientifiques & littéraires, qui auront pour objet l'utilité publique & la gloire de la patrie.

II.

Elle sera composée d'un égal nombre de membres résidans à Paris, & de membres répandus dans les différentes parties du royaume. Elle s'associera, de plus, des savans étrangers.

III.

La société nationale sera partagée en quatre classes, correspondantes à celles des lycées. Chaque classe sera divisée en sections, & formera une assemblée particulière; mais les membres de chaque classe pourront assister aux conférences & concourir aux travaux des autres classes.

IV.

Elle sera organisée de la manière suivante :

PREMIÈRE CLASSE.

Sciences mathématiques & physiques.

Sections.	MEMBRES à Paris.	Dans les Dép.	étrang.
Iere. Analyse mathématique	8	8	»
II. Mécanique rationnelle, astronomie	8	8	»
III. Physique	8	8	»
IV. Chimie & minéralogie	8	8	»
V. Botanique & physique végétale	8	8	»
VI. Zoologie & anatomie	8	8	»
	48	48	8

SECONDE CLASSE.

Sciences morales & politiques.

Sections.	MEMBRES à Paris.	Dans les Dép.	étrang.
Iere. Méthaphysique & théorie des sentimens moraux	6	6	»
II. Droit naturel, droit des gens & science sociale	6	6	»
III. Droit public & législation	6	6	»
IV. Economie politique	6	6	»
V. Histoire	6	6	»
	30	30	8

TROISIÈME CLASSE.

Applications des sciences aux arts.

Sections.	MEMBRES à Paris.	Dans les Dép.	étrang.
Iere. Physique médicale & chirurgie	12 . .	12 . .	»
II. Hygienne.	6 . .	6 . .	»
III. Art vétérinaire.	6 . .	6 . .	»
IV. Agriculture & économie rurale.	12 . .	12 . .	»
V. Arts de construction. .	6 . .	6 . .	»
VI. Hydraulique.	6 . .	6 . .	»
VII. Navigation.	6 . .	6 . .	»
VIII. Machines & instrumens .	6 . .	6 . .	»
IX. Arts mécaniques. . . .	6 . .	6 . .	»
X. Arts chimiques.	6 . .	6 . .	»
	72	72	2

QUATRIÈME CLASSE.

Littérature & beaux arts.

Sections.	MEMBRES à Paris.	Dans les Dép.	étrang.
Iere. Grammaire & critique . .	8 . . .	8 . . .	»
II. Langues	8 . . .	8 . . .	»
III. Éloquence & poësie	8 . . .	8 . . .	»
IV. Antiquités & monumens . .	8 . . .	8 . . .	»
V. Peinture, sculpture, architecture.	8 . . .	8 . . .	»
VI. Musique & déclamation . .	4 . . .	4 . . .	»
	44	44	12

V.

Les mêmes individus ne pourront pas être attachés en même temps à plusieurs classes.

V I.

Les membres résidans dans les départemens qui composeront l'arrondissement de chaque lycée, pourront former auprès du lycée un centre de correspondance, & se réunir en assemblée, sans distinction de classes & de sections; mais en observant le règlement qui sera fait pour la société nationale.

V I I.

La société nationale rendra tous les ans au Corps législatif, un compte sommaire du progrès des sciences & des arts, des travaux de chaque classe, de l'état & du perfectionnement de l'enseignement public.

V I I I.

Le Public sera admis à toutes les séances ordinaires de la société nationale.

I X.

L'Assemblée nationale, reconnoissante envers les sciences & la philosophie, dont les lumières ont produit la révolution françoise, & fondé la liberté & l'égalité, déclare que les fonctions des membres de la société nationale, celles des professeurs & des instituteurs, sont des plus importantes de la société; & elle met ceux qui les remplissent au nombre des fonctionnaires publics.

X.

L'Aſſemblée nationale reconnoît le droit qu'ont les citoyens de former des ſociétés libres, pour concourir aux progrès des ſciences, des lettres & des arts.

X I.

En conſéquence de l'article précédent, toutes les académies & ſociétés littéraires, quelle que ſoit leur conſtitution & leur dénomination, ne pourront ſubſiſter que comme ſociétés libres, & les lettres-patentes, en vertu deſquelles elles ont été établies, ſont révoquées par le préſent décret.

TITRE VII.

Direction & surveillance de l'enseignement.

ARTICLE PREMIER.

Chaque classe de la Société nationale nommera tous les deux ans trois personnes prises dans son sein, pour former le directoire d'instruction.

Ce directoire s'assemblera à des jours fixes, pour délibérer sur les difficultés qui pourront s'élever relativement aux fonctions des membres des lycées. Il décidera les cas ordinaires, mais renverra les questions plus importantes à leurs classes respectives. Il présentera aussi à chaque classe ses vues sur les améliorations à faire dans l'enseignement.

II.

A la fin de l'année lycéenne, les professeurs & les conservateurs de chaque lycée nommeront, parmi eux, un inspecteur. Ses fonctions seront de maintenir l'ordre & l'exactitude dans l'enseignement, de veiller sur la police intérieure de l'établissement, de correspondre, pour ces objets, avec le directoire de la Société nationale, & de lui envoyer, tous les mois, un compte exact de l'état de l'enseignement dans le lycée.

III.

Les professeurs & les conservateurs de chaque lycée nommeront tous les ans, parmi eux, un directoire d'instruction, composé de six membres du lycée. Il aura la direction & l'inspection des instituts de l'arrondissement.

rondissement. Il pourra décider les cas ordinaires; mais, pour tous les cas graves, la décision ne pourra être prise que dans le conseil-général de tous les membres du lycée. L'inspecteur présidera le directoire.

I V.

Les arrondissemens des lycées seront déterminés par un règlement particulier.

V.

Il y aura dans chaque institut un inspecteur, élu de la même manière que celui des lycées, & ayant les mêmes fonctions. Il correspondra avec le directoire du lycée.

V I.

Dans chaque institut, les professeurs & le conservateur nommeront entr'eux un directoire, composé de quatre membres, qui aura l'inspection & la direction des écoles sécondaires & primaires de l'arrondissement de l'institut. Il prononcera sur les cas ordinaires qui se présenteront dans les écoles inférieures: sur les cas graves il ne pourra être statué que par le conseil général, composé de tous les membres de l'institut.

V I I.

S'il n'y a qu'un institut dans le département, l'arrondissement s'étendra au département entier: s'il y en a plusieurs, le conseil général du lycée déterminera les limites de leurs arrondissemens.

VIII.

Il fera fait un règlement qui déterminera le mode de direction, & distinguera les différens cas qui seront décidés par les directoires d'instruction & ceux qui devront l'être par les classes de la société nationale, & les conseils généraux des lycées & des instituts.

IX.

Les corps administratifs, sous l'autorité du ministre de l'intérieur, sont chargés de l'entretien, réparation & reconstruction des bâtimens nationaux qui serviront à l'instruction publique, ainsi que de leurs dépendances.

TITRE VIII.

Nominations.

ARTICLE PREMIER.

Tous les membres de la ſociété nationale, excepté les étrangers, concourront également aux élections qui lui ſeront attribuées, d'après le mode qui ſera déterminé.

II.

Il ſera formé une liſte d'aſpirans pour chaque ſection, dans laquelle chacun aura le droit de s'inſcrire ou de ſe faire inſcrire.

III.

Lorſqu'une place de la ſociété nationale deviendra vacante, la claſſe entière formera, à la pluralité relative des ſuffrages, une liſte de cinq éligibles, pris parmi les aſpirans. Entre ces cinq, la ſection nommera le nouveau membre, à la pluralité abſolue des ſuffrages.

IV.

Il ſera formé à la ſociété nationale une liſte d'aſpirans aux places de profeſſeurs & de conſervateurs des lycées : chacun aura le droit de s'y inſcrire ou de s'y faire inſcrire.

V.

Lorſqu'une place de profeſſeur ou de conſervateur de lycée ſera vacante, la claſſe entière de la ſociété nationale, choiſira, à la pluralité relative, cinq perſonnes, parmi les aſpirans, entre leſquelles la ſection ou les ſections de la ſociété correſpondantes à l'objet d'enſeignement de la place vacante, éliront le profeſſeur. La nomination définitive des conſervateurs ſera faite par le directoire d'inſtruction.

V I.

Il ſera ouvert dans chaque lycée une liſte d'aſpirans aux places de profeſſeurs & de conſervateurs des inſtituts de l'arrondiſſement, ſur laquelle chacun pourra s'inſcrire ou ſe faire inſcrire.

V I I.

Lorſqu'une place de profeſſeur ou de conſervateur d'inſtitut, viendra à vaquer, le conſeil général du lycée de l'arrondiſſement formera, à la pluralité relative des ſuffrages, une liſte d'éligibles, qui ne contiendra, ni plus de ſix perſonnes, ni moins de trois. Le Corps municipal de la ville où l'inſtitut ſera ſitué, réduira cette liſte d'une perſonne, ſi elle eſt de trois; & de deux, ſi elle eſt au-deſſus. Dans cette liſte, ainſi réduite, la claſſe du lycée, analogue à la place vacante, élira le profeſſeur. Cette dernière élection appartiendra au directoire du lycée, lorſqu'il y aura un conſervateur à nommer.

V I I I.

Les profeſſeurs des inſtituts formeront pour les écoles ſecondaires de l'arrondiſſement, une liſte d'aſpirans, ſelon les règles preſcrites pour les établiſſemens ſupérieurs.

I X.

Les inſtituteurs des écoles ſecondaires ſeront nommés par le conſeil général de la commune, ſur une liſte de trois éligibles, préſentée par le conſeil général de l'inſtitut de l'arrondiſſement.

X.

Il sera formé, d'après les mêmes règles & par les professeurs de l'institut de l'arrondissement, une liste d'aspirans aux places d'instituteurs d'écoles primaires.

X I.

Lorsqu'une place d'instituteur d'école primaire viendra à vaquer, les professeurs de l'institut de l'arrondissement présenteront aux pères de famille du lieu, ou de la section de la ville où l'école sera située, une liste de trois éligibles, & ces pères de famille éliront l'instituteur à la pluralité absolue.

X I I.

Les étrangers qui réuniront les connoissances requises, pourront être nommés, comme les François, aux places de professeurs, de conservateurs & d'instituteurs.

X I I I.

Les professeurs, les conservateurs & les instituteurs, seront nommés à vie; mais ils seront destituables par les conseils généraux des corps savans, ou enseignans, qui auront concouru à leur nomination, & d'après les formes qui seront établies. La destitution ne sera prononcée qu'à la réunion des deux tiers des voix.

X I V.

Il sera présenté un mode particulier de nomination pour la première formation de tous les établissemens d'instruction.

TITRE IX.

Élèves de la Patrie.

ARTICLE PREMIER.

La nation accorde, à titre d'encouragement, à un nombre déterminé de jeunes gens, qui se seront le plus distingués par leurs talens & leur conduite, des pensions temporaires qui leur procureront la facilité de fréquenter le degré d'instruction supérieur. Ces jeunes gens porteront le titre d'*élèves de la patrie*.

I I.

Chaque institut enverra tous les ans, au lycée de l'arrondissement, un de ses élèves, qui recevra une pension annuelle de 500 journées de travail, au taux du district où le lycée est situé. Cette pension ne pourra être continuée au-delà de cinq ans.

I I I.

Les écoles secondaires de chaque département, enverront pareillement chaque année, aux instituts qui y seront établis, un nombre de jeunes gens égal au tiers de la représentation nationale du département. Chacun d'eux recevra une pension annuelle de 450 journées de travail, au taux du district où l'institut sera situé. Cette pension ne sera accordée que pour quatre années. Les élèves pourront choisir entre les instituts du département.

I V.

Les écoles primaires réunies de chaque département, enverront, chaque année, aux écoles secondaires, un nombre d'élèves égal à la représentation nationale du département. Ils choisiront, dans le département, l'école qui leur conviendra le plus : la pension annuelle sera de 300 journées de travail au taux du district où l'école secondaire sera située. Cette pension ne pourra être continuée au-delà de trois années.

V.

L'industrie ne devant pas moins être encouragée que les sciences, il sera accordé, à des élèves sortant des écoles secondaires, & qui auront annoncé des dispositions particulières pour les arts mécaniques, le commerce, ou d'autres genres d'industrie, à chacun une somme une fois payée égale à 500 journées de travail pour leur apprentissage dans une profession d'une utilité générale. Leur nombre sera égal au tiers de la représentation nationale de chaque département.

V I.

Dans les mêmes vues, & pour le même objet, il sera accordé une somme aussi une fois payée équivalente à 250 journées de travail, à un nombre d'élèves sortant des écoles primaires, égal à celui de la représentation nationale de chaque département.

V I I.

Il sera statué par une loi particulière sur la manière de décerner, dans les différens degrés d'instruction, l'encouragement & le titre d'élève de la patrie, ainsi que sur les dispositions à faire relativement aux fonds affectés aux bourses & places franches.

TABLEAU

DES VILLES

Où seront placés les Instituts.

DÉPARTEMENS.	VILLES.
AIN.	Bourg.
AISNE.	Laon. Soiſſons.
ALLIER.	Moulins.
HAUTES-ALPES.	Gap.
BASSES-ALPES.	Manoſque.
ARDÈCHE.	Tournon.
ARDENNES.	Sedan.
ARRIÈGE.	S.-Girons.
AUBE.	Troyes.
AUDE.	Carcaſſonne.
AVEIRON.	Villefranche.
BOUCHES-DU-RHÔNE	Marſeille. Aix. Avignon.

DÉPARTEMENS.	VILLES.
CALVADOS.	Caen. Lisieux.
CANTAL.	S.-Flour (*).
CHARENTE.	Angoulême.
CHARENTE-INFÉRIEURE.	Saintes. La Rochelle.
CHER.	Bourges.
CORREZE.	Tulle.
CORSE.	Bastia. Ajaccio.
CÔTE-D'OR.	Dijon.
CÔTES-DU-NORD.	S.-Brieux.
CREUSE.	Aubusson.
DORDOGNE.	Périgueux.
DOUBS.	Besançon.
DROME.	Valence.
EURE.	Evreux.
EURE-ET-LOIR.	Chartres.
FINISTÈRE.	Brest. Quimper.

(*) Dans le cas où l'Administration du Département, qui alterne entre S.-Flour & Aurillac, seroit fixée à S.-Flour, l'institut sera transféré à Aurillac.

DÉPARTEMENS.	VILLES.
GARD.	Nîmes. Alais.
HAUTE-GARONNE.	Toulouſe.
GERS.	Auch.
GIRONDE.	Bordeaux. Sainte-Foy.
HÉRAULT.	Montpellier. Beziers.
ILLE-ET-VILAINE.	Rennes.
INDRE.	Châteauroux.
INDRE-ET-LOIRE.	Tours.
ISÈRE.	Grenoble. Vienne.
JURA.	Dôle.
LANDES.	Dax.
LOIR-ET-CHER.	Vendôme.
HAUTE-LOIRE.	Puy.
LOIRE-INFÉRIEURE.	Nantes.
LOIRET.	Orléans.
LOT.	Montauban.
LOT-ET-GARONNE.	Agen.
LOZÈRE.	Mende.

DÉPARTEMENS.	VILLES.
HAUT-RHIN.	Colmar.
BAS-RHIN.	Strasbourg.
RHÔNE-ET-LOIRE.	Lyon. Rouane. Montbrison.
HAUTE-SAONE.	Vezoul.
SAONE-ET-LOIRE.	Châlons-sur-Saone. Mâcon.
SARTHE.	Le Mans. La Flèche.
SEINE-ET-OISE.	Versailles.
SEINE-INFÉRIEURE.	Rouen. Dieppe.
SEINE-ET-MARNE.	Meaux.
DEUX-SÈVRES.	Niort.
SOMME.	Amiens.
TARN.	Alby.
VAR.	Toulon. Grasse.
VENDÉE.	Luçon.
VIENNE.	Poitiers.
HAUTE-VIENNE.	Limoges.
VOSGES.	Epinal.

DÉPARTEMENS.	VILLES.
MAINE-ET-LOIRE.	Angers. Saumur.
MANCHE.	Coutances.
MARNE.	Rheims. Châlons.
HAUTE-MARNE.	Langres.
MAYENNE.	Laval.
MEURTHE.	Nancy.
MEUSE.	Verdun.
MORBIHAN.	Vannes.
MOSELLE.	Metz.
NIÈVRE.	Nevers.
NORD.	Lille. Cambrai.
OISE.	Beauvais.
ORNE.	Alençon.
PARIS.	Paris en aura cinq.
PAS-DE-CALAIS.	Arras. S.-Omer.
PUY-DE-DÔME.	Clermont. Riom.
HAUTES-PYRÉNÉES.	Tarbes.
BASSES-PYRÉNÉES.	Pau.
PYRÉNÉES-ORIENTALES.	Perpignan.

DÉPARTEMENS.	VILLES.
YONNE.	Auxerre. Sens.

RÉCAPITULATION.

61 Départemens auront chacun 1 Institut, ci . . . 61
19 . . . . 2. 38
2 . . . . 3 6
PARIS en aura 5 5

NOMBRE DES INSTITUTS . . . . 110.

www.ingramcontent.com/pod-product-compliance
Lightning Source LLC
LaVergne TN
LVHW050422160826
845677LV00002BA/493

* 9 7 8 2 3 2 9 7 3 2 3 3 6 *